Abdel

Enrique Páez

Abdel

Notas y prólogo de
Silvia Vega Ordóñez

Ernst Klett Sprachen
Stuttgart

1. Auflage 7 | 2025

Alle Drucke dieser Auflage sind unverändert und können im Unterricht nebeneinander verwendet werden.
Die letzte Zahl bezeichnet das Jahr des Druckes.
www.klett-sprachen.de

Herausgeberin der Reihe Literatura Juvenil:
Prof. Dr. Andrea Rössler

Redaktion: Marcelo Rodríguez
Layoutkonzeption: Elmar Feuerbach
Gestaltung und Satz: Satzkasten, Stuttgart
Umschlaggestaltung: Sandra Vrabec
Titelbild: Getty Images (Marco Di Lauro), München
Karte Seite 78: Geoatlas, Hendaye
Bild Seite 79: Enrique Páez (Beatriz Montero)
Druck und Bindung: Salzland Druck, Staßfurt

PEFC-zertifiziert
Dieses Produkt stammt aus nachhaltig bewirtschafteten Wäldern und kontrollierten Quellen
PEFC/04-31-2251
www.pefc.de

Printed in Germany
ISBN 978-3-12-535721-1

Índice

Prólogo

Abdel nació en 1994 de manos de su creador, Enrique Páez, un madrileño que ha hecho del cuento y la novela juvenil su especialidad creativa. Páez atesora un gran conocimiento de la juventud gracias a sus años de experiencia como profesor y a talleres literarios para nuevos escritores. Él mismo describe esta novela como una de las más importantes y necesarias que ha escrito. Hoy, Abdel está cerca de su edición número cuarenta, además de haber sido traducida a varios idiomas, entre ellos el alemán.

Abdel es una novela que a través de un prólogo ficticio pero muy verosímil presenta y sitúa a su protagonista. Comienza en el presente y narra, por medio de un conmovedor diario, la dura andadura del joven tuareg hasta llegar al centro de acogida desde el que escribe. Cuenta en primera persona el camino que un inmigrante ilegal tiene que recorrer para llegar al tantas veces falsamente imaginado "paraíso" llamado Europa.

Pero esta novela no es tan solo una crítica a las situaciones humillantes e inhumanas que muchos inmigrantes ilegales tienen que sufrir. Es también el relato de una parte de la historia marroquí que llega hasta nuestros días. A través de la vida y experiencia del adolescente, el autor nos muestra la conflictiva situación del Sáhara Occidental. Abdel recorre el desierto junto a su padre en una de las últimas caravanas existentes, caravanas que no saben de fronteras. El autor denuncia de este modo la persecución que sufrieron los tuaregs, un pueblo nómada, obligados a vivir en campamentos estables tras la construcción del muro que cerca algunas ciudades del Sáhara Occidental. Precisamente la muerte de la madre de Abdel a manos de soldados marroquíes se produce durante el levantamiento de esta fortaleza. Sin libertad en el desierto, sin raíces afectivas en su país, no ven más salida que emprender un viaje sin retorno en el que nada pueden perder más que su propia vida.

Un relato lamentablemente de mucha actualidad, descrito desde la mirada de un joven luchador que paga un alto precio por cumplir un sueño. Enrique Páez es capaz de llegar al lector con una mezcla perfecta de realidad, ficción y el humor irónico que tanto le caracteriza. La lectura de Abdel no deja indiferente, y además, incita a continuar leyendo sin tregua desde la primera hasta la última letra. Al final del apasionante relato se nos deja, como consuelo, la puerta a la esperanza entreabierta.

Silvia Vega Ordóñez

Introducción

Me cuesta mucho escribir. Lo hago sólo para ayudar a mi amigo Abdel, por si le pueden servir de algo estas líneas. En la editorial me han dicho que publicarán su historia si yo añado una introducción contando quién es Abdel, dónde le conocí y cómo llegó hasta mí su cuaderno de apuntes. Y eso es lo que estoy haciendo. O lo que voy a hacer a partir de ahora, para ser exactos.

Me llamo Charo Lafuente, aunque mi nombre en este caso sea lo de menos. Trabajo desde hace tres años en los Servicios Sociales del Ayuntamiento de Málaga, como educadora. Es un trabajo duro y con pocas satisfacciones en el que se necesita mucha vocación. Se trata de ayudar a niños y adolescentes que, por razones ajenas a ellos mismos, están en estado de abandono, predelincuencia u otras situaciones límite.

Padres enganchados a la droga, malos tratos, alcoholismo, ausencia de escolarización... Los chicos que nos mandan a este centro siempre tienen una historia tremenda a sus espaldas. No se les puede juzgar con dureza. Cualquiera de nosotros en su piel actuaría de la misma manera. Aprendieron desde niños que la ley de la selva, la ley del más fuerte, es la regla de oro de la supervivencia. No confían en nadie, porque nadie les ha dado motivos para hacerlo. Aquí conocí a Abdel Muhbahar. Es uno de ellos.

Cuando lo trajeron, Abdel no parecía diferente a los demás. Otro chaval con problemas, una familia deshecha y carente de afecto, supuse yo. Pero pronto empecé a ver la diferencia: no es

4 **una editorial** empresa que publica libros (Verlag) – 4 **añadir** decir o hacer uc más – 6 **un apunte** nota – 10 **los Sevicios Sociales** *pl* Sozialdienstabteilung – 13 **la vocación** Berufung – 14 **ajeno** no relacionado con, no propio – 14 **el abandono** *aquí:* Zurückgelassensein – 15 **la delincuencia** criminalidad – 16 *estar* **enganchado a** *ser* adicto, dependiente de uc (süchtig) – 16 **los malos tratos** Misshandlung – 17 **la ausencia** falta de uc – 17 **la escolarización** periodo en que se va a la escuela – 18 **tremendo** terrible – 18 **a sus *espaldas*** (Rücken) detrás, en su pasado – 19 **juzgar** beurteilen – 21 **la ley de la selva** reglas para sobrevivir en un medio difícil – 21 **la regla de oro** la regla más importante – 22 **confiar en up** jmdm vertrauen – 26 **un chaval** *Esp* niño o joven – 26 **carente** con falta de uc

un chico agresivo y envalentonado como el resto. Es más bien tranquilo, muy expresivo y solitario. No quiero decir con ello que sea débil: en poco tiempo se ha hecho respetar, porque tiene una fuerza y una agilidad asombrosas. Está un poco asustado, aunque apenas se le nota. Pasa largas horas sentado en su cama escribiendo en un cuaderno forrado con piel de oveja que siempre lleva consigo.

Al principio no presté demasiada atención al hecho de que dedicara tantas horas a escribir. En cualquier caso, pensaba yo, lo hará en árabe, y de poco me va a servir pedirle que me preste su cuaderno.

Abdel pronuncia bastante mal el español, pero tiene un vocabulario considerable. Muy superior, desde luego, a la media de los chicos españoles de su misma edad. Por lo visto, según me ha contado él mismo, en Hauza su padre era muy amigo de Ben Abjalah, un líder de la resistencia saharaui, el cual tenía una extensa biblioteca de libros españoles. Abdel aprendió el español muy pronto con Ben, y se llevaba prestados libros, que leía una y otra vez cuando realizaba largas travesías por el desierto acompañando a su padre.

Es un lector infatigable. En el breve tiempo que lleva aquí ya se ha leído la mitad de los libros de la biblioteca. Así sucede que, aunque no habla demasiado bien, sobre todo en lo que se refiere a la pronunciación, en cambio escribe perfectamente, como muy pronto veréis. Le he tomado un cariño muy especial, y él me ha correspondido con su amistad. Por eso le llamo «mi amigo Abdel».

Un día me empezó a picar la curiosidad y comencé a preguntarme qué escribiría Abdel con tanta meticulosidad

1 **envalentonado** que muestra valentía (→ valiente) – 4 **asombroso** increíble, sorprendente – 4 **asustado** que tiene miedo – 5 **notar uc** darse cuenta (auffallen) – 6 **forrado** protegido con un material *p ej* plástico o papel – 6 **oveja** Schaf – 9 **dedicar** *tiempo* usar, utlizar – 10 **prestar uc** dejar uc a up por un tiempo – 13 **considerable** grande, importante (beträchtlich) – 15 **Hauza** ciudad del norte del Sáhara oriental – 16 **la resistencia saharaui** oposición al reino de Marruecos – 19 **una travesía** viaje – 19 **el desierto** Wüste – 21 **infatigable** que no se cansa – 21 **breve** corto, poco – 25 **tomar cariño a up** jmdn lieb gewinnen – 28 **picar la curiosidad** sentir la necesidad de saber uc – 29 **la meticulosidad** cuidado y exactitud al hacer uc

en su cuaderno. Intenté sonsacarle algo, y al principio me contestó con evasivas. Al fin logré que me prestara sus escritos. El cuaderno estaba cuidadosamente forrado, hojas duras y caligrafía diminuta. «Me lo regaló mi padre. Lo hizo él mismo», me dijo con orgullo, como mostrando un trofeo.

Abdel escribe con letra de imprenta, imitando los caracteres de los cientos de libros que ha leído. Me pidió que le corrigiera las faltas de ortografía o de sintaxis, pero la verdad es que no he tenido que tocar ni una coma. Abdel escribe mucho mejor que yo. Cuando leí el manuscrito, me quedé impresionada. A lo mejor es porque le conozco, pero me hizo llorar más de una vez.

Después de leer su historia, hice algo que tal vez no sea muy correcto. Fue algo instintivo. Fotocopié el cuaderno sin su permiso y guardé la copia en un cajón. Al día siguiente le entregué las fotocopias a mi amiga Soledad Alvarenga, que trabaja en una editorial. Tal vez a ella se le ocurriera algo para ayudar a mi amigo Abdel, pensé. Ahora no me arrepiento, porque una semana más tarde me llamó la directora de la editorial diciendo que lo quería publicar, que le parecía fantástico, y que yo escribiera una introducción. Es la que estáis leyendo todavía, pero ya termino. Os aseguro que para mí ha sido muy difícil.

Yo no sé mucho de literatura, pero la editora me ha dicho que la historia de Abdel tiene mucho ritmo y una estructura inmejorable. Yo estoy de acuerdo. Puede que esté hablando de quien será con el tiempo un escritor muy famoso. Abdel se merece un futuro algo mejor de lo que ha vivido hasta ahora. Si no tuviera padre, a mí me encantaría pedir su custodia legal y llevármelo a casa a vivir conmigo. Es un compañero adorable.

1 **sonsacar uc** intentar conseguir uc de up con habilidad *p ej* información (rausbekommen) – 2 **una evasiva** Ausflucht – 4 **diminuto** muy pequeño – 6 **la letra de imprenta** Druckbuchstaben – 6 **un carácte**r letra o signo en la escritura (Schriftzeichen) – 14 **guardar** poner en un lugar *adecuado* (passend) – 15 **entregar** dar – 16 **ocurrírsele uc a up** tener una idea – 17 **arrepentirse de uc** sentirse mal por haber hecho o no uc – 21 **asegurar uc a up** decir que uc es verdad (→ seguro) – 26 **merecer up uc** etw verdienen – 27 **la custodia** Sorgerecht

Espero no haberos aburrido, porque lo importante es lo que viene a continuación. Os dejo con la historia de mi amigo Abdel escrita por él mismo. Sé que os va a encantar.

Charo Lafuente
Málaga, 10 de septiembre

Uno

Vivo en un cementerio, aunque no soy un muerto. Tampoco el enterrador. Soy un hijo del desierto, escondido entre las tumbas de Marbella. Puede que la situación suene graciosa, pero no lo es en absoluto. Mi padre está en la cárcel. Yo soy menor de edad en un país extranjero, inmigrante ilegal, y sin documentos que me identifiquen. La policía me busca. Una banda de traficantes de drogas me busca. Si alguno de ellos me encuentra, estaremos perdidos: mi padre y yo.

Estamos en el mes de julio, así que al menos no hace demasiado frío por las noches. No tengo más ropa que la que llevo puesta. Tengo hambre. Apenas he comido desde hace tres días. También tengo miedo. Mucho miedo. Y no sólo a que me encuentren, sino porque el hecho de dormir junto a un montón de cadáveres no es lo que yo llamaría pasar unas buenas vacaciones. No me gusta estar aquí, pero no puedo abandonar a mi padre. Él confía en mí, estoy seguro. Yo soy el único que puede ayudarle, aunque no sepa cómo. De momento, mientras lo pienso, me refugio en este extraño mausoleo de la familia Ponce Santamaría. ¿A que no es nada divertido?

Ahora tengo mucho tiempo libre. Esto es un contrasentido, ya lo sé, porque de libre tiene poco. Quiero decir que me sobran horas durante el día. Me sobran todas las horas. No oscurece hasta bien pasadas las nueve y media de la noche, y no puedo arriesgarme a salir de mi escondite a la luz del sol, con toda la gente husmeando por ahí. Alguna noche el hambre

2 **un cementerio** lugar donde se *entierra* (beerdigen) a los muertos – 3 **el enterrador** up que entierra a los muertos – 3 **esconderse** no mostrarse para no ser encontrado – 4 **una tumba** Grab – 4 **gracioso** simpático, divertido – 5 **una cárcel** Gefängnis – 6 **menor de edad** menos de 18 años (minderjährig) – 8 **una banda de traficantes** grupo organizado que comercia con uc ilegal (Schieberbande) – 14 **un montón** mucho de uc – 19 **refugiarse** guardarse, esconderse – 23 **sobrar** tener demasiado de uc – 24 **oscurecer** hacerse de noche – 25 **arriesgarse** ponerse en peligro – 25 **un escondite** lugar donde up o uc se esconde – 26 **husmear** intentar encontrar una información que no le corresponde (herumschnüffeln) – 27 **un encierro** lugar del que no se puede salir (→ cerrar)

me ha obligado a salir de mi encierro para buscar comida. Aunque éste es un país muy fértil, he tenido serias dificultades para encontrar algo que llevarme a la boca. No me arriesgo a bajar a la ciudad. No es fácil pasar inadvertido en un país extranjero.

Vivo como las lechuzas y los búhos, pero mucho más aburrido. La soledad no me asusta, porque crecí en el desierto, pero echo de menos los espacios abiertos. En un lugar cerrado el tiempo transcurre más despacio, y como tiempo es algo que no me va a faltar, entretengo mis horas lentas escribiendo. La honda, este cuaderno y un bolígrafo es lo único que pude salvar en mi huida, y gracias a que lo llevaba encima. Pero empezaré por el principio.

Nací en alguna parte del desierto, en una *jaima* o tienda de una caravana de tuaregs que se dirigía a Hauza, según me han contado muchas veces. Desciendo de una larga familia beréber, y mi padre, Yasir Muhbahar, era uno de los hombres más respetados de la tribu. Aquí, en cambio, no es nadie. Tal vez no debimos salir del Sáhara, por muy mal que nos fueran allí las cosas.

—La democracia europea es el paraíso de la libertad. Empezaremos una nueva vida en España —me dijo antes de emprender el viaje.

Ahora no opina lo mismo, claro. Los tuaregs no somos una raza de hombres libres, y no tenemos derechos en ningún lugar del mundo. Las fuerzas marroquíes nos han ido expulsando de la tierra, y ni en las dunas del desierto podemos cabalgar tranquilos.

1 **fértil** que produce mucho – 3 **pasar inadvertido** no ser diferente del grupo – 5 **una lechuza** Eule – 5 **un búho** Uhu – 6 **asustar** dar miedo – 7 **echar de menos** vermissen – 8 **transcurrir** *el tiempo* pasar – 9 **entretener** distraerse, pasar el tiempo – 10 **una honda** objeto para *lanzar* (werfen) piedras (Schleuder) – 11 **la huida** → huir (Flucht) – 14 **los tuaregs** pueblo beréber nómada del desierto del Sáhara – 14 **dirigirse** ir a un lugar concreto – 15 **descender** *aquí:* abstammen – 16 **beréber/bereber** que pertenece a una etnia del Magreb (principalmente Túnez, Argelia y Marruecos) – 22 **emprender** empezar, comenzar uc – 26 **cabalgar** montar a caballo u otro animal

Recuerdo a mi madre, Amina, muy lejanamente. Murió a manos de los soldados marroquíes durante la construcción de la tercera muralla, la que aísla la ciudad de Hauza, poco antes del Ramadán de 1984. Yo tenía seis años. No tengo fotos ni recuerdos de ella, pero mi padre dice que era bellísima. Yo la sigo echando de menos. Nuestra casa, aunque apenas fueran cuatro paredes de adobe, fue saqueada y destruida. Mi padre estuvo a punto de morir de pena. Fue la única vez que le he visto llorar en mi vida.

—No volveremos a tener una casa nunca más —me dijo entonces, todavía lo recuerdo.

Los tuaregs somos un pueblo nómada, y nos movemos de acá para allá con nuestros rebaños de ovejas y cabras. Vivimos en un mar de arena llamado Sáhara, en donde en lugar de islas hay pozos y oasis. Navegamos a lomos de caballos y camellos. Hay quienes nos llaman los hombres azules, porque los mantos teñidos con los que nos cubrimos del sol van coloreando nuestra piel poco a poco. Las fronteras, esas líneas de rayas y puntos que separan los países, no existen en la realidad. El Sáhara es un solo desierto, una misma arena que no entiende de rayas ni de mapas.

Los niños no suelen acompañar a sus padres en las largas travesías, pero conmigo hacían una excepción. Mi padre no podía dejarme con una madre que ya no existía, y no le gustaba tenerme lejos de su lado. A mí me encantaban los viajes. Los demás hombres de la caravana siempre me trataron como a un mayor, y podía entrar en sus tiendas, escuchar las tertulias y sentarme al fuego con ellos. A partir de los nueve años, ya

1 **una muralla** muro que protege uc – 1 **aislar** *aquí:* proteger – 2 **el Ramadán** noveno mes del calendario musulmán en el que no se come durante el día – 5 **el adobe** Lehmziegel – 5 **saquear** robar todo o casi todo en un lugar – 6 **estar a punto de** *loc* casi pasar uc – 11 **un rebaño** grupo grande de animales (Herde) – 11 **una cabra** Ziege – 13 **un pozo** agujero profundo en el suelo del que se saca agua (Brunnen) – 13 **el lomo** espalda de un animal – 13 **un caballo** Pferd – 13 **un camello** Kamel – 14 **un manto** *tela* (Stoff) que tapa el cuerpo – 15 **teñido** cambiado de color – 15 **cubrir** tapar – 25 **una tertulia** conversación regular de un grupo – 27 **unos cuantos** algunos – 28 **un campamento** Zeltlager

me dejaban salir con unas cuantas cabras y pasar tres o cuatro noches lejos del campamento.

Mi padre me enseñó a manejar la honda. Con una cinta de cuero y una piedra, podía conducir un rebaño como cinco pastores a un tiempo. Yo quería que él se sintiera orgulloso de mí, así que practiqué día y noche hasta convertirme en el mejor lanzador de todo el grupo. Aquí en España nadie la usa. Claro, que tampoco la necesitan. De todos modos, yo la sigo llevando colgada de la cintura, por si acaso. Me siento más seguro. Nunca se sabe.

En Hauza aprendí a leer. Ben Abjalah se ocupó de mi educación como antes lo había hecho con mi padre. Era un gran conocedor del Corán y estaba considerado como un hombre sabio entre todas las tribus beréberes. Quiso que yo fuera su ahijado. Cuando murió mi madre, Ben escapó de milagro al cerco de los soldados y se refugió en Tinduf.

—Esta ciudad pertenece a otro país llamado Argelia, y las tropas del rey Hassan II no pueden entrar —me explicó Ben—. Aquí estaremos a salvo.

Aunque no hay demasiada distancia entre Hauza y Tinduf, tuvo que alquilar siete caballos y tres camellos para trasladar toda su biblioteca. No tenía más equipaje. Era la colección de libros más grande que jamás he visto. Tenía por lo menos ocho mil, la mayoría escritos en español. Ben me enseñó a amarlos, y yo acabé leyéndolos con más facilidad que los que están escritos en árabe. En los viajes por el desierto siempre me llevaba un zurrón de libros prestados. Los leía tres o cuatro

1 **manejar** usar, utilizar – 1 **una cinta** Riemen – 2 **cuero** piel de los animales (Leder) – 2 **conducir** llevar (treiben) – 3 **un pastor** up que trabaja con los animales en el campo *p ej* ovejas – 7 **la cintura** Taille – 7 **por si acaso** *loc* por si pasa uc, por prevención – 9 **ocuparse de uc** *preocuparse* (s. kümmern) por uc, prestar atención a uc – 11 **estar considerado** pensarse uc de up – 13 **un ahijado** Patenkind – 14 **un cerco** círculo que cierra el camino (Belagerung) – 14 **Tinduf** ciudad de Argelia donde hay campamentos de refugiados saharaouis – 16 **Hassan II** rey de Marruecos hasta su muerte en 1999. Padre del actual rey Mohamed VI – 17 **estar a salvo** fuera de peligro – 19 **trasladar** llevar de un lugar a otro – 20 **equipaje** cosas que se llevan de viaje *p ej* maletas – 21 **jamás** nunca – 25 **un zurrón** bolso de cuero – 27 **en ocasiones** a veces

veces antes de poder devolvérselos y cambiarlos por otros distintos, porque en ocasiones tardábamos meses antes de regresar a Tinduf. Al principio siempre llevaba un diccionario conmigo, porque había muchas palabras que no entendía muy bien, pero desde hace dos años dejé de usarlo.

Por las noches, mientras comíamos cuscús dentro de la tienda, le contaba a mi padre las historias que había ido leyendo en los libros de Ben. Creo que ése fue uno de los motivos por los que mi padre decidió que nos íbamos a España. Tal vez nos hicimos una idea de este país un poco equivocada. Una geografía diferente donde siempre sucedían historias fantásticas. Un universo sorprendente para el que lo observa desde la monotonía del desierto.

Cuando Ben me contaba la historia del pueblo beréber, siempre acababa llorando. Ben era mucho más viejo que mi padre, y mucho más sentimental. Decía que éramos una raza antigua y poderosa, cuyos orígenes se perdían en la profundidad de la historia, pero que estábamos al borde de la extinción. Probablemente tenía razón. Cada vez hay menos caravanas cruzando el desierto y más asentamientos fijos alrededor de las ciudades. Hay una verdadera fiebre por trabajar en las minas de fosfatos de Bu-Craa y en las industrias de pescado de El Aaiún. Los colonos, súbditos del rey Hassan II, han ocupado casi todo el territorio y ahora nos cierran el paso. Ya no hay lugar para nosotros, los tuaregs. Incluso mi padre y yo hemos abandonado el Sáhara, en una huida a ninguna parte.

5 **una tienda** *aquí:* Zelt – 9 **equivocado** falso, erróneo – 15 **poderoso** → poder (mächtig) – 16 **al borde** a punto, casi – 17 **la extinción** desaparición total de uc – 18 **un asentamiento** grupo de casas (Siedlung) – 20 **Bu-Craa** ciudad del Sáhara occidental habitada casi totalmente por trabajadores de la industria de minería de fosfatos controlada por Marruecos – 21 **El Aaiún** ciudad del Sáhara occidental – 21 **un súbdito** up bajo una autoridad superior (Untertan) – 22 **cerrar el paso** no dejar entrar a un lugar – 26 **cegador** que no deja ver – 26 **el siroco** viento del sureste, seco y cálido – 27 **abatir** *aquí:* golpear, chocar – 28 **sepultar** poner bajo tierra, enterrar – 28 **calar** entrar, pasar hasta (durchnässen)

La luz del desierto es caliente y cegadora. Los sirocos y las tormentas de arena se abaten sobre las caravanas, llegando a sepultar a caballos y camellos. Por las noches el frío cala en los huesos y agrieta el suelo. Hay siempre un silencio abrumador, sólo roto por el viento y el roce de la arena. Es un silencio vivo y extenso, muy diferente al de este cementerio. Nos lavamos frotándonos la piel con arena, y cuando llueve bailamos con los brazos abiertos, dejándonos empapar por las breves gotas de agua que darán nuevos pastos a nuestro ganado. Me es difícil entender otra forma de vida. Echo de menos a mi padre, a Ben, a mi madre, y al horizonte de arena infinita que aparecía siempre detrás de cada duna.

1 **agrietar** spalten – 1 **abrumador** total, asombroso (überwältigend) – 2 **el roce** Reibung – 5 **empapar** durchfeuchten – 5 **una gota** Tropfen – 6 **el pasto** hierba que comen los animales en el campo – 6 **el ganado** animales para explotación (Vieh)

Dos

La muerte de Ben, el pasado mes de marzo, fue como una señal para mi padre. Ya nada nos ataba. Aquellos a quienes más habíamos querido estaban bajo tierra, y el desierto era una trampa donde apenas quedaban lugares en los que hacer un alto en el camino.

—Nos vamos, Abdel. Haremos un largo viaje hasta España. Pase lo que pase, nunca será tan difícil como vivir ocultos entre las dunas —me dijo mi padre entonces. No creo que lo dijera ahora.

No tuvimos que hacer muchos preparativos, ya que nuestra vida había sido un viaje permanente. Enterramos a Ben y nos pusimos en marcha con una de las últimas caravanas de tuaregs que atravesaban el desierto. Para llegar a España, debíamos cruzar todo Marruecos, el reino de Hassan II, pero esa parte del viaje fue sorprendentemente sencilla.

Nuestra primera parada fue Uarzazat, a la sombra de las montañas. Allí nos despedimos del desierto y de los hermanos beréberes que nos habían acompañado. Esa noche cantamos canciones tristes, al pie de la cordillera del Gran Atlas. A la mañana siguiente comenzamos a subir; jamás en mi vida había visto unas montañas más altas. Llevábamos encima unas cuantas pieles de camello para vender en Marraquech.

—Toca, Abdel. Esto es nieve. Es agua.

Más blanca que cualquier arena. Fría como la escarcha. Blanda como el algodón. La nieve me pareció la forma más hermosa en que se puede transformar el agua. Más bella que el mar, la lluvia o un oasis. Quise llevarme un buen puñado de recuerdo, pero sólo conseguí empapar el zurrón de queso y

3 **atar** unir, sujetar (binden) – 5 **una trampa** Falle – 6 **hacer un alto** parar – 8 **oculto** escondido – 13 **en marcha** en movimiento – 14 **atravesar** cruzar – 16 **sencillo** fácil – 17 **Uarzazat** ciudad al sur de Marruecos conocida también como «La puerta del desierto» – 20 **La cordillera del Atlas** 2400 km de montañas desde Túnez hasta Marruecos – 23 **Marraquech** *fr* una de las ciudades más importantes de Marruecos – 25 **la escarcha** Raureif – 26 **blando** ≠ duro – 28 **un puñado** cantidad de uc que entra en una mano cerrada

pan que llevábamos para el camino. Mi padre estuvo riéndose de mí durante horas. Creo que fueron los últimos días felices. Luego empezaron las dificultades.

Nunca vi tantos cuerpos juntos como en Marraquech. Casi me faltaba el aire cuando recorríamos las calles de la medina, los zocos, la plaza Djemaa el Fna: tintoreros, tragafuegos, encantadores de serpientes, músicos... Todo un mundo desconocido y fabuloso. Supe que hay más habitantes en Marraquech que beréberes en todo el Sáhara.

Estuve tres días sin dormir, y aún recuerdo los olores de esa ciudad roja, agotadora y frenética. Vendimos las pieles y compramos ropa adecuada y comida para el viaje. Los tuaregs rara vez suben más al norte de Marraquech, pero nosotros teníamos que llegar hasta Tánger para cruzar el estrecho de Gibraltar y desembarcar en España. Un comerciante nos dijo que necesitaríamos pasaportes y tarjetas de identificación, pero él no los vendía.

Tardamos tres semanas en llegar a Tánger cruzando siempre por los campos. Evitamos en lo posible las carreteras, acostumbrados como estábamos a caminar por el desierto. El sol y las estrellas nos guiaban. El sentido de la orientación nos aconsejaba ir siempre hacia el norte, cerca de la costa. Mi padre no quiso entrar en Rabat.

—Allí vive Hassan II, el jefe de todos los ejércitos y colonos que ocupan nuestra tierra —me dijo con rabia.

No sé si fue la suerte, pero lo cierto es que no tuvimos ninguna dificultad en llegar a Tánger. Todo iba bien hasta ese momento. A partir de ahí, empezó el infierno.

5 **recorrer** ir por un espacio o lugar – 5 **una medina** casco antiguo de una ciudad árabe – 6 **un zoco** Bazar – 6 **la plaza de Djemaa el Fna** una de las plazas con movimiento del mundo (vendedores, artistas ...) – 6 **un tintorero** up cuya profesión es teñir – 6 **un tragafuegos** Feuerschlucker – 7 **un encantador de serpientes** Schlangenbeschwörer – 11 **la ciudad roja** Marraquech, llamada así por el color de sus casas – 11 **agotador** que cansa mucho – 14 **Tánger** ciudad del norte de Marruecos en la costa oeste del estrecho de Gibraltar – 14 **el Estrecho de Gibraltar** punto de unión del Mar Mediterráneo y el océano Atlántico además de la separación entre Africa y Europa – 15 **desembarcar** bajar de un barco – 19 **evitar** vermeiden – 20 *estar* **acostumbrado a** uc hacer uc de forma normal, habitual – 23 **Rabat** capital de Marruecos – 24 **el ejército** la armada, los militares – 25 l**a rabia** Zorn

Lo primero que supimos fue que no podíamos entrar en España tan fácilmente como habíamos pensado. Al parecer, desde Tánger hacia el norte, por toda Europa, las fronteras sí están dibujadas en el suelo. No se puede pasar si no tienes un montón de permisos. Nosotros no teníamos ninguno. Nos lo habían advertido en Marraquech, pero no lo entendimos hasta entonces.

Estuvimos varios días dando vueltas, preguntando, intentando comprar un billete para cruzar el estrecho. España estaba ahí, casi al alcance de la mano. En los días claros se podían ver incluso las montañas cercanas a la costa. Nos dijeron que había gente que había logrado llegar a nado, pero era muy peligroso. Hay muchas corrientes, y el mar se traga incluso a los más fuertes. En cualquier caso, nosotros no sabemos nadar, así que la idea era totalmente impensable.

Preguntamos en la playa de El Faro y en la de Malapata, y por fin en el cafetín de La Estrella nos presentaron a El Fifra, al que llamaban *el valiente de Tánger*. Mi padre le compró dos pasajes. Cruzaríamos el estrecho de Gibraltar en la bodega de una barcaza de pesca, con otros cuarenta pasajeros. El viaje se haría de noche. El desembarco estaba previsto en una playa andaluza, cerca de Tarifa, y una vez allí deberíamos dispersarnos rápidamente. Si la policía española nos encontraba, nos pondría de vuelta en manos del ejército marroquí. Fue entonces cuando supe que mi padre tenía pendiente una condena.

—¿Por qué no me lo has dicho hasta ahora? —le pregunté.

—No quería preocuparte, Abdel. Tú eras muy pequeño entonces. Fue cuando murió tu madre.

—¿Pero qué ocurrió exactamente? —quise saber.

6 **advertir** decir uc antes de que pase – 10 *estar* **al alcance de la mano** cerca, que casi se puede tocar – 12 **a nado** nadando – 13 **una corriente** Strömung – 13 **tragarse** schlucken – 20 **una bodega** Laderaum – 22 **Tarifa** ciudad andaluza más al sur de España y más cercana al Estrecho de Gibraltar – 23 **dispersarse** separarse – 25 **tener pendiente uc** no haber cumplido uc – 26 **una condena** Verurteilung – 28 **preocupar a up** intranquilizar, dar *preocupaciones* (Sorgen)

—Algunos ofrecimos resistencia en la ciudad de Hauza, donde teníamos una casa. El jefe militar que comandaba las tropas me ofreció la libertad a cambio de colaborar con ellos. Yo me negué, claro. No podía venderme a los que habían matado a tu madre, pero les hice creer que lo haría para que me dejaran libre.

—¿Y es por eso por lo que no hemos vuelto a tener una casa? —le pregunté.

—Por eso mismo, Abdel. Desde entonces hemos estado ocultos en el desierto, evitando a los soldados. Dijeron que me habían condenado a treinta años de cárcel por traidor. ¿Traidor a quién? Me gustaría saber... —dijo apretando los puños.

No volvimos a hablar del tema, pero desde entonces supe que mi padre no debía caer en manos de la policía ni de los soldados. No podíamos cometer ningún error.

Los dos billetes para el viaje nos costaron la mitad de los dirhams que llevábamos encima. El resto lo cambiamos en el mercado negro con muchas dificultades. Creo que nos engañaron, porque nos dieron cinco mil pesetas para que pudiéramos vivir dos meses en España. Era más que nada, pero fue como regalarlo.

Salimos de una playa de Alcazarseguer, cerca de Ceuta. Nos dijeron que seríamos cuarenta, pero en la barca entramos más de ochenta. Casi todos varones. Sólo cinco mujeres acompañaban a sus maridos. Parecía imposible. No cabíamos. En la pequeña bodega, apestando a pescado, nos estrujamos unos contra otros. Era mi primer viaje por mar, muy distinto a como lo había imaginado. Durante la travesía, las olas se

4 **negar** decir que no – 11 **condenar** → condena – 11 **un traidor** Verräter – 12 **apretar** hacer fuerza o presión – 12 **un puño** mano cerrada – 15 **cometer uc** hacer (begehen) – 19 **engañar** timar, mentir (betrügen) – 19 **la peseta** moneda española antes del euro; **cinco mil pesetas** unos 30 euros – 22 **Ceuta** ciudad autónoma española situada en la parte africana del Estrecho de Gibraltar – 26 **apestar** oler muy mal – 26 **estrujar** apretar, presionar uc deformándola

estrellaban contra el casco de la barcaza sobrecargada e inundaban la cubierta. Estuvimos a punto de hundirnos.

Me faltaba el aire. Me mareé y creo que perdí el conocimiento por la presión de los cuerpos. Estábamos tan pegados unos a otros que no pude caer al suelo. Mi padre logró hacer con sus brazos una bolsa de aire a mi alrededor y me despertó vaciando media cantimplora de agua sobre mi cabeza. Se oían respiraciones entrecortadas y gemidos por todas partes.

Al cabo de tres horas, entre grandes gritos desesperados, los hombres subieron a cubierta dos cuerpos inertes, con la cara blanquecina. No quise preguntar, pero dijeron que habían muerto asfixiados. Oímos el ruido de los cadáveres al chocar contra el agua cuando los arrojaron por la borda: ya nada se podía hacer por ellos. El infierno duró todavía dos horas más, pero al fin llegamos a la costa.

Mi padre y yo fuimos de los primeros en saltar al agua. No hacíamos pie, pero arrancamos un salvavidas del lateral de la barca y pataleamos hasta llegar a la playa. En cuanto pisamos la arena, echamos a correr hacia una pequeña loma que teníamos enfrente. Se escuchaban algunas sirenas. Sólo cuando alcanzamos la cumbre, nos permitimos mirar hacia atrás.

Cuatro *jeeps* con luces intermitentes en el techo —luego supe que eran de la Guardia Civil— rodeaban la playa. La patera se

1 **estrellarse** golpearse contra uc – 1 **el casco** *de un barco* parte exterior, cuerpo (Rumpf) – 1 **sobrecargado** con más cosas o peso del que puede llevarse – 2 **inundar** tapar, cubrir un lugar con agua – 2 **la cubierta** parte superior y exterior de un barco – 2 **hundirse** versinken – 3 **marearse** seekrank werden – 4 **pegado** *aquí:* juntos, cerca de – 5 **lograr** conseguir – 7 **una cantimplora** botella de metal para agua – 8 **entrecortado** con pausas, intermitente – 8 **un gemido** sonido con la voz que expresa dolor o pena – 10 **inerte** sin movimiento, sin vida – 12 **asfixiado** muerto por falta de aire – 13 **arrojar** lanzar, tirar – 13 **una borda** límite de los lados de la cubierta (Reling) – 17 **arrancar** sacar, coger uc de un lugar con fuerza – 18 **patalear** mover las piernas con fuerza *aquí:* para moverse en el agua – 19 **una loma** altura pequeña (Hügel) – 21 **una cumbre** parte más alta de una montaña – 23 **intermitente** ≠ continuo – 24 **la Guardia Civil** cuerpo de seguridad que controla *p ej* las fronteras – 24 **rodear** ponerse alrededor cerrando el paso – 24 **una patera** *Esp* barco rústico y pequeño usado normalmente por los emigrantes para cruzar el estrecho de Gibraltar

alejaba mar adentro. Se veían decenas de cuerpos braceando desesperadamente contra las olas. Conforme iban llegando a la orilla, eran detenidos. Creo que muy pocos logramos escapar. No más de diez. También estoy seguro de que unos cuantos murieron ahogados. No todos sabían nadar.

Estábamos en España, y no podíamos quedarnos a ver el final de la escena. El agua salada empapaba nuestras ropas. El miedo y el aire fresco de la noche nos dieron fuerzas para echar a correr de nuevo. Al amanecer, nos ocultamos bajo unos matorrales. De momento estábamos a salvo. Por primera vez en el viaje, me eché a llorar sin saber por qué.

—Vamos, Abdel, que ya lo hemos conseguido.

Mi padre me arropó con su chaquetón. Creo que me dormí entre hipos y sudores fríos. No se lo he dicho a nadie, pero desde entonces mis peores pesadillas tienen que ver con el mar.

1 **alejar** → lejos – 1 **el mar adentro** lejos de la costa (seewärts) – 1 **bracear** mover los brazos para moverse en el agua – 3 **una orilla** límite o extremo de uc *p ej* un río – 3 **detenido** festgenommen – 5 **ahogado** muerto por no poder respirar *aquí:* por agua – 9 **el amanecer** momento del día en el que sale el sol – 10 **un matorral** Gebüsch – 10 **estar a salvo** fuera de peligro – 13 **arropar** tapar con ropa para protegerse del frío – 13 **un chaquetón** chaqueta larga – 14 **el hipo** Schluckauf – 14 **el sudor** agua que pierde el cuerpo con el calor – 15 **una pesadilla** mal sueño

Tres

Esto era España. Europa. Nuestro sueño hecho realidad. Cientos de veces habíamos hablado de ello en el desierto, y por fin empezábamos una nueva vida en un país amigo y poderoso. Los españoles eran hermanos de sangre. Un pueblo hospitalario. No en vano nuestros antepasados habían vivido en esta tierra, mezclándose con sus habitantes durante varios siglos. Sabíamos que no iba a ser fácil, pero nunca imaginamos cuánto.

La costumbre y la cautela nos hicieron viajar campo a través, evitando en lo posible entrar en las ciudades. No debíamos caer en el error de dejarnos atrapar por la policía o la Guardia Civil, porque eso significaría un regreso inmediato a nuestro punto de origen. Y la cárcel. En cualquier caso, igual nos daba ir en una o en otra dirección.

Los campos españoles son ricos en todo tipo de alimentos: frutas, verduras y animales. La mayoría están vallados, lo que indica que se trata de propiedades privadas, pero casi nunca nos cruzamos con los dueños. Cogíamos de la tierra lo mínimo para poder comer. La costumbre aprendida de vivir ocultos nos ayudó durante todo ese tiempo. Pude volver a practicar con la honda, de modo que más de un conejo acabó convertido en cena. Prendíamos pequeños fuegos y apagábamos las llamas para poder cocinar los alimentos con las brasas. Toda precaución era poca. Nos bastaba con una sola comida fuerte al día, antes de echar a andar cada mañana.

Al cabo de una semana, empezamos a pedir trabajo por las granjas y las casas de las afueras de los pueblos. Era un poco

6 **hospitalario** up que recibe bien y ayuda a extraños – 6 **en vano** *loc* inútilmente, sin efecto – 6 **un antepasado** familiar en el pasado lejano – 10 **la cautela** cuidado (Vorsicht) – 12 **atrapar** coger (*Esp*) – 17 **vallado** cerrado con una *valla* (Zaun) – 22 **un conejo** Kaninchen – 23 **prender** encender – 24 **una llama** Flamme – 24 **la brasa** madera o carbón encendido (Glut) – 25 **la precaución** cuidado, cautela – 27 **al cabo de** después de – 28 **una granja** Bauernhof – 28 **las afueras** ≠ centro

arriesgado, pero no podíamos vivir eternamente en el monte. Tarde o temprano nos habrían descubierto.

Estuvimos tres semanas dando vueltas por las provincias de Cádiz y Málaga buscando trabajo, pero no conseguimos nada. Nos miraban con desconfianza. Más de una vez, incluso, tuvimos que salir corriendo ante la amenaza de que avisarían a la policía. Los españoles son pacíficos, pero tienen un miedo inexplicable a los extraños. Es posible que entre ellos sean más amables, pero nosotros éramos extranjeros. Empezábamos a desanimarnos. La hospitalidad a la que estamos acostumbrados entre los beréberes, y los árabes en general, tiene muy poco que ver con la de aquí. Después de todo, no queríamos que nos regalaran nada, sólo queríamos trabajar en un país rico y abundante. Con comida y una manta para dormir en el suelo nos conformábamos.

A primeros de mayo, hace apenas dos meses, tuvimos un encuentro decisivo. Estábamos cerca dé Marbella, sentados sobre unas rocas. Un hombre moreno descargaba una carretilla de escombros en una hondonada. Por el aspecto nos pareció que podía ser árabe, y decidimos arriesgarnos a probar suerte una vez más.

—Hermano, si eres hijo de Alá, como nosotros, ayúdanos.

El hombre, que luego nos dijo que se llamaba Omar, se quedó muy sorprendido y miraba temeroso en una y otra dirección. Parecía una buena persona. No esperaba encontrarse a nadie en aquel aislado vertedero, y tenía tanto miedo como nosotros.

—¿Qué queréis de mí? No tengo nada que ofrecer. ¿En qué puedo ayudaros?

1 **el monte** tierra sin explotar con matorrales y árboles (Busch) – 2 **descubrir** *aquí:* encontrar – 6 **una amenaza** posibilidad que uc mala puede pasar – 7 **avisar** llamar, informar – 10 **la hospitalidad** → hospitalario – 14 **una manta** Decke – 15 **conformarse** aceptar uc sin protestar – 18 **una roca** piedra de gran tamaño (Felsen) – 18 **descargar** sacar uc de un lugar, vaciar – 18 **una carretilla** Schubkarre – 19 **el escombro** material que no sirve de una obra (Bauschutt) – 19 **una hondonada** Mulde – 24 **temeroso** con miedo – 26 **un vertedero** lugar donde se tira la basura *p ej* de una ciudad

Le contamos parte de nuestra historia, ocultándole nuestro origen saharaui para evitar suspicacias. Tal vez Omar fuera un fiel seguidor de Hassan II. Por nuestra forma de hablar, sin embargo, supo que éramos beréberes. Pero no dudó de que fuéramos marroquíes, como él.

—Yo soy Yasir Muhbahar, y éste es mi hijo Abdel. Hemos entrado ilegalmente en España, y necesitamos encontrar un trabajo de lo que sea.

Omar tampoco tenía permiso de residencia en España. Entró como turista para estar un máximo de tres meses, pero al poco de llegar encontró un trabajo de peón en un chalé que empezaban a construir cerca de donde estábamos, así que se quedó en Marbella. Jorge Meléndez, su patrón, le contrató a él y a otros inmigrantes marroquíes con unas condiciones muy duras y un salario muy bajo. Omar no se quejaba: en Marruecos sólo le esperaba el hambre.

—Podríais intentar pedirle trabajo al señor Meléndez —nos dijo—, porque todavía queda mucho por hacer en el chalé que estamos construyendo.

Una vez vaciada la carretilla, caminamos doscientos metros hasta llegar a la parte trasera de la finca. Omar nos pidió que esperáramos mientras hablaba con Meléndez. Disimulada entre los arbustos había una puerta de madera, por la que se introdujo. Al poco rato regresó y nos dijo que el jefe nos estaba esperando.

Ya en el interior, me di cuenta de que la casa no podía ser vista desde fuera. Casi era una fortaleza. Unas altas tapias rodeaban todo el terreno. Yo no diría que era un chalé lo que estaban construyendo, sino más bien un palacete con todo tipo de lujos. Jorge Meléndez debía tener un montón de dinero para levantar esa mansión.

2 **la suspicacia** desconfianza y sospecha – 9 **un permiso de residencia** Aufenthaltserlaubnis – 13 **contratar** dar trabajo – 20 **vaciado** ≠ llenado – 21 **trasero** de atrás – 22 **disimulado** escondido, oculto – 23 **un arbusto** matorral – 24 **un rato** tiempo corto – 27 **una fortaleza** Festung – 27 **una tapia** muro, pared – 31 **una mansión** casa grande (Villa)

—Os puedo ofrecer lo mismo que a los otros —nos dijo cuando estuvimos frente a él—. Mil pesetas por día trabajado, y quinientas para el chico. Aquí trabajamos de sol a sol, no quiero haraganes en mi casa. De momento estaréis un mes a prueba, y luego ya hablaremos. Depende de cómo vayáis respondiendo.

Jorge Meléndez era un hombre extraordinariamente gordo. Vestía con ropas de colores, pantalón corto y un sombrero de paja. Unas grandes manchas de sudor se dibujaban bajo sus sobacos. Ocultaba sus ojos detrás de unas gafas de sol.

—¿Hay algún sitio donde podamos alojarnos? —le pregunté a instancias de mi padre.

—Dormiréis en el sótano, junto a los otros —dijo Meléndez—. Mi ayudante, Vicente Planas, os proporcionará la comida que necesitéis. No saldréis bajo ningún concepto de los límites de la finca, porque no puedo arriesgarme a que os descubran.

Aspiró una larga bocanada del puro que tenía entre sus dedos. Luego, suavizando la voz como si fuéramos niños pequeños, añadió:

—Lo hago por vuestro bien. Estáis ilegalmente en España, y si se enteran de que trabajáis aquí, yo tendré graves problemas y a vosotros os echarán a patadas hasta Marruecos. Supongo que no es eso lo que buscáis, ¿verdad?

Mi padre aceptó de inmediato. Era más de lo que podíamos esperar: casa, comida y trabajo. Nos era difícil disimular la alegría. España, después de todo, era un país maravilloso.

Empezamos a trabajar en ese mismo momento. No queríamos perder ni un minuto.

3 **de sol a sol** *loc* de la mañana a la noche – 4 **un haragán** vago, up a quien no le gusta trabajar – 9 **una mancha** Fleck – 10 **el sobaco** Achselhöhle – 12 **a instancias de** up por petición de up – 14 **proporcionar** conseguir, dar – 15 **bajo ningún concepto** de ningún modo – 18 **una bocanada** humo que aspira al fumar (Zug) – 18 **un puro** Zigarre – 22 **enterarse de uc** saber uc por primera vez – 23 **a patadas** *coloq* sin respeto, mal – 26 **disimular** no mostrar (→ disimulado)

Íbamos a demostrarle al señor Meléndez que podía confiar en nosotros. Omar, que era el jefe de la cuadrilla, nos fue asignando tareas. No descansamos hasta que empezó a oscurecer.

Ésa fue la primera noche que dormimos a cubierto. También fue la primera vez en mucho tiempo que, bajo el chorro de la manguera, pudimos darnos un baño en condiciones. Tenían hasta jabón. Cenamos al aire libre con el resto de los compañeros, mascando despacio y en silencio. Una sensación de tranquilidad llenaba nuestros pulmones. Nos sentimos a salvo. Teníamos aún muchas cosas por resolver, pero todo iba saliendo a pedir de boca. Después de comer alguien preparó un té, pero la tertulia posterior no duró mucho, porque todos estábamos cansados y queríamos dormir.

—Aquí estaréis bien. No es una maravilla, pero es mejor que nada —nos decía Omar—. Además, el señor Meléndez ha prometido hacernos un contrato de trabajo e intentar que nos concedan el permiso de residencia en España. Dice que tiene amigos importantes. Es un buen hombre.

Aquella fue la mejor noticia que habíamos recibido en años. Si todo salía como estaba previsto, en poco tiempo estaríamos viviendo legalmente en España, sin que nadie pudiera echarnos. La vida dura del desierto y las persecuciones quedarían atrás, como un mal recuerdo que pronto olvidaríamos. Con esos pensamientos nos fuimos a dormir. Yo aún estaba despierto cuando oí a mi padre roncar. Una sonrisa se dibujaba en sus labios.

2 **una cuadrilla** grupo de trabajo *p ej* en construcción – 3 **asignar** dar, ordenar – 4 **oscurecer** hacerse de noche – 5 **a cubierto** bajo techo – 6 **un chorro** líquido que sale con fuerza – 7 **una manguera** Schlauch – 7 **en condiciones** *loc* como tiene que ser – 9 **mascar** masticar (kauen) – 10 **un pulmón** órgano de la respiración – 11 **resolver** solucionar – 12 **salir a pedir de boca** *loc* suceder como uno desea – 17 **un contrato** Vertrag (→ contratar) – 18 **conceder** dar, entregar – 21 **estar previsto** tener ya pensado – 23 **una persecución** seguimiento a up que huye – 26 **roncar** hacer ruido al dormir

Cuatro

Nos acostumbramos rápido a la nueva vida. No era difícil. Si el secreto estaba en trabajar mucho, entonces sabíamos hacerlo. No podrían tener queja de nosotros. Los otros tres marroquíes que llegaron con Omar eran mucho más callados que él, pero buenas personas. Amed, Mustafá y Rachid. No eran tuaregs, como nosotros, pero sus costumbres eran más parecidas a las nuestras que a las de los españoles. Todos habían huido de la pobreza de Marruecos. Con el dinero que recibían se mantenía toda la familia en sus lugares de origen.

A mí me utilizaban de ayudante. Le echaba una mano al que me necesitara. Arrastraba carretillas, ponía en orden las herramientas, sujetaba escaleras..., pero sobre todo llevaba mensajes de unos a otros. Muy pronto se dieron cuenta de que yo hablaba el español mucho mejor que el resto, así que me convertí en el traductor oficial entre los jefes españoles y Omar, o cualquiera de los otros.

Pasado un mes, y visto que yo me defendía bastante bien hablando español, me empezaron a encargar pequeñas tareas fuera de la casa. Tardé una mañana en aprender a montar en bicicleta, y de vez en cuando bajaba a Marbella a comprar alimentos o materiales de construcción. Al ser más pequeño, decían, mi aspecto llamaba menos la atención. Nadie piensa en chicos inmigrantes ilegales, sólo en adultos. Aquí no se empieza a trabajar hasta los dieciséis años por lo menos, y deben creer que en el resto del mundo sucede lo mismo.

El verano se fue acercando, y aunque nunca hizo tanto calor como en el desierto, hubo días en los que echamos de menos los mantos azules con los que nos defendíamos del sol en el

10 **mantenerse** vivir, alimentarse – 11 **echar una mano** *loc* ayudar – 12 **arrastrar** *aquí:* tirar de uc rozando el suelo (schleifen) – 13 **las herramientas** objetos de trabajo – 13 **sujetar** festhalten – 18 **defenderse** *aquí:* saber hacer uc para conseguir un objetivo – 19 **encargar** mandar, pedir que up haga uc – 21 **de vez en cuando** *loc* a veces – 23 **llamar la atención** despertar interés o curiosidad – 27 **acercarse** ≠ alejarse (→ cerca) – 29 **defenderse** *aquí:* protegerse

Sáhara. La construcción de la casa avanzaba rápidamente, y los cambios se notaban día a día. Un salón y una gran terraza orientados al norte fueron lo primero en quedar terminado. Allí instalaron Jorge Meléndez y Vicente Planas su cuartel general. Tenían un extraño teléfono sin cables ni enchufes, con una antena desplegable en el borde superior. Además había un baúl que expulsaba aire frío, y un armario con hielo y refrescos al que llamaban nevera. Eso les ayudaba a soportar los calores del mediodía, decían. Yo creo que aquello tenía que ver con la magia.

—Abdel, ve a la tienda por más cervecitas, que ya se nos acaban —decía Vicente Planas.

—Y no se te ocurra beberte ninguna o Alá dejará caer su ira sobre ti por desobedecerle y beber alcohol —apostillaba Meléndez.

Yo era el encargado de tener la nevera siempre bien surtida, y algunos días tuve que bajar dos veces a Marbella para reponer las bebidas. Era asombrosa la cantidad de líquido que podían tragar los dos jefes en una sola tarde. Y más bien creo que era Jorge Meléndez el que se bebía la mayor parte, porque en su tripa cabían dos cajas de cerveza bien holgadas; mientras que Vicente Planas, con una nariz increíblemente pronunciada, era tan delgado que casi podría esconderse detrás de su corbata.

El tiempo transcurría sin problemas. Ya había pasado de sobra el mes de prueba que nos habían marcado, y ante la ausencia de otro tipo de noticias, dimos por hecho que los jefes estaban contentos con nuestro trabajo. En dos meses como máximo, la casa estaría terminada.

1 **avanzar** progresar, mejorar, continuar – 4 **un cuartel general** *mil* lugar central de reunión o trabajo – 5 **un enchufe** Steckdose – 6 **desplegable** que se puede abrir – 7 **un baúl** caja rectangular grande con tapa – 8 **soportar** superar (durchhalten) – 14 **desobedecer** no hacer lo que up dice – 14 **apostillar** comentar, hacer notar – 16 **un encargado** up que tiene una tarea determinada – 16 **surtido** *aquí:* lleno – 21 **una tripa** *Esp* barriga – 21 **caber** entrar, poder meter – 21 **holgado** con espacio – 22 **pronunciado** *aquí:* grande – 26 **dar por hecho uc** suponer, pensar que uc es de un modo determinado

—¿Sabes leer, Abdel? —me preguntó Jorge Meléndez un día que me encontraba yo en la sala recogiendo restos de comida y latas vacías de cerveza.

No sé por qué, quizá por el deseo que tenía de que sucediera así, pero pensé que me lo preguntaba para enviarme una temporada a la escuela en el caso de que le respondiera que no. Tenía unas ganas enormes de ir a un colegio español y tener compañeros y amigos españoles. Si era necesario, durante dos o tres meses simularía estar aprendiendo paso a paso. Cuando viera la velocidad a la que aprendía, tal vez decidiera mantenerme durante un tiempo más largo en el colegio.

—No, no sé, pero me encantaría aprender. El colegio me gusta —dije con mi voz más inocente.

Jorge Meléndez mostró una amplia sonrisa y guiñó un ojo con complicidad a su ayudante, Vicente Planas, el narizotas. Se recostó en el sofá y expulsó una nube de humo procedente de su cigarro.

—No hay problema —dijo abriendo los brazos—. A partir de septiembre te enviaremos a la escuela y aprenderás a leer, escribir, sumar, multiplicar y todo lo que te dé la gana, ¿verdad Vicente?

—Claro, jefe. En la escuela enseñan de todo. ¡Vaya que sí!

A mí me dio la impresión de que Vicente Planas, a pesar de todo, no había aprendido demasiadas cosas. No tenía aspecto de haber sido muy buen estudiante que digamos. Jorge Meléndez le mandó callar y continuó:

—Falta poco tiempo ya para el comienzo del próximo curso, y antes hay que preparar un montón de papeles, permisos, contratos y cosas por el estilo. Nadie sabe que estáis en España, y si se enteran a ti no te llevarán al colegio, sino a la frontera. Y a tu padre algo peor, imagino. ¿Me comprendes?

—Perfectamente —dije intentando no tartamudear.

6 **una temporada** un tiempo limitado – 9 **un paso** Schritt – 11 **mantener a up en un lugar** dejar – 14 **amplio** grande – 14 **guiñar un ojo** zwinkern – 15 **un narizotas** *despect* up de narices grandes – 16 **procedente** que viene de (→ proceder) – 20 **lo que te dé la gana** *coloq* lo que quieras – 32 **tartamudear** hablar entrecortadamente repitiendo las sílabas (stottern)

—Así que tú también tienes que poner algo de tu parte —dijo Jorge Meléndez apoyando las piernas en la mesilla—. A partir de hoy te encargaremos de vez en cuando que lleves unos papeles y otras cosillas a nuestros contactos. Como es un asunto muy delicado, ya sabes, no debes hablar con nadie. Hay muchos policías y funcionarios de inmigración por esta zona, y lo que más les gustaría es echaros el guante a los ilegales antes de que hayáis conseguido el permiso de residencia.

—Ni preguntes ni contestes. Tú no sabes nada, de ese modo evitaremos problemas —decía Vicente Planas—. Entregas lo que te demos y recoges lo que te den. Así de fácil.

La cosa parecía bastante simple. Dos o tres veces por semana, llevaba en bicicleta una carpeta o un sobre grande con papeles y documentos al puerto de Marbella. Guardaba las cosas en una bolsa de tela con cremallera que podía llevar a la espalda a modo de pequeña mochila. En el muelle del puerto le daba el sobre a uno que llamaban El Chino (que no tenía nada de chino, por cierto), y él me daba a cambio otro paquete que yo guardaba en mi bolsa y traía de vuelta a Planas o a Meléndez.

Mi padre recibió la noticia de nuestra próxima legalización con una sonrisa que nunca olvidaré. Creo que estuvo a punto de llorar, de lo emocionado que estaba. A partir de ese día trabajaba el doble, como si con ello pudiera acelerar el proceso y obtener antes el permiso de trabajo y residencia. No podía evitar la urgencia de preguntarme casi todos los días por el permiso, si me habían dicho ya algo o no. Yo le preguntaba a Jorge Meléndez (aunque con menos insistencia que mi padre a mí, claro) y casi siempre obtenía la misma respuesta:

—Tranquilo, Abdel. Esto de los permisos es muy lento. Hay que ir con cuidado y hacer muchas gestiones, pero tú no te preocupes, que pronto estará todo arreglado.

2 **apoyar** poner uc sobre otra – 5 **delicado** heikel – 7 **echar el guante** *coloq* atrapar, coger (*Esp*) – 13 **una carpeta** Mappe – 15 **una cremallera** *Esp* Reißverschluss – 16 **un muelle** Kai – 24 **acelerar** hacer más rápido uc – 26 **la urgencia** *aquí:* la necesidad – 28 **la insistencia** repetición frecuente de uc – 31 **una gestión** trámite, formalidad para solucionar uc – 32 **arreglado** solucionado

Y debía ser verdad, pensaba yo, porque llevaba ya tres semanas llevando y trayendo papeles y paquetes al puerto. En realidad ya debía estar casi todo solucionado, y Meléndez no decía nada para darnos una sorpresa.

—¿Falta mucho para terminar? —le pregunté un día a El Chino.

—No, qué va. Para dentro de un par de semanas esto estará acabado —contestó escupiendo a través del agujero de un diente ausente.

La impaciencia me comía, y la vez siguiente, tres días después, no pude resistir la tentación de curiosear entre los papeles que llevaba a El Chino. Buscaba una fecha, nuestros nombres, alguna prueba de que todo estaba a punto de conseguirse. No estaba bien eso de mirar, ya lo sé, pero no pude evitarlo. Sin embargo, no tuve suerte, porque en el sobre que entregué sólo había dinero. Bastante dinero, por cierto. Y una pequeña nota manuscrita de Meléndez que decía: «Próxima entrega, jueves 7 tarde».

8 **escupir** echar por la boca *saliva* (Spucke) – 9 **ausente** que no está en un lugar, ≠ presente – 11 **curiosear** mirar uc sin atención, por curiosidad – 18 **una entrega** Abgabe

Cinco

Algo raro empezó a moverse dentro de mí y a hacerme sospechar de lo desconocido. No sabía por qué, pero notaba la amenaza de un enemigo oculto. Fue algo instintivo, como los animales que huelen el peligro. Empecé a estar más atento a todo lo que sucedía en la casa y que pudiera ser indicativo de algún asunto extraño. Registré todo el salón una tarde en la que Planas estaba ausente y el gordo Meléndez roncaba como un bendito en la terraza. No encontré ni un solo papel que hablara de permisos de residencia, ni de trabajo, ni contratos, ni nada parecido. Yo no sabía qué forma tendrían esos documentos, pero seguro que en algún sitio estaban escritos nuestros nombres, me decía a mí mismo.

La certeza de que estábamos siendo engañados la tuve al abrir un cajón y encontrar dos Pasaportes: uno de Carlos Humanes y otro de Benito Felguera. Los dos pasaportes tenían la misma foto, y en ella se reconocía claramente la cara redonda de Jorge Meléndez.

No le dije nada a mi padre hasta pasado un tiempo. Antes intenté enterarme un poco mejor de los motivos de aquel comportamiento por parte de los jefes, pero lo cierto es que no pude sacar nada en claro hasta que ya fue demasiado tarde.

Lo primero que hice fue seguir sus pasos durante varios días, para ver si con ello me aclaraba un poco las ideas. No era una tarea sencilla, porque al mismo tiempo se supone que debía estar trabajando, haciendo algún encargo o, si era por la noche, durmiendo. Espiaba sus movimientos durante el día, pero en realidad hacían cosas muy normales. Por teléfono hablaban de cosas extrañas para mí, como de la próxima visita de una reina

3 **sospechar** pensar que uc no es como se dice – 6 **indicativo** que da una señal, que muestra uc – 7 **un asunto** negocio – 7 **registrar** mirar en un lugar atentamente buscando uc – 9 *dormir* **como un bendito** *loc* tranquilamente, en paz – 14 **la certeza** seguridad de ser uc verdad – 22 **sacar uc en claro** *loc* conseguir información – 24 **aclarar las ideas** comprender lo que pasaba (→ claro)

blanca colombiana que tendrían que ir a recibir, o de caballos turcos. Los jefes eran personas de mucho mundo, desde luego.

Cuando me enviaron a recoger un nuevo paquete al puerto, empezaba yo a dudar de mi propia desconfianza. No había nada reprochable en la actitud de Jorge Meléndez ni de su ayudante, así que debería dejar de preocuparme. Al regresar del puerto sólo estaba Vicente Planas. Le entregué la bolsa y le estuve observando a hurtadillas toda la tarde. Sólo realizó una llamada de teléfono.

—Don Jorge, la mercancía está a salvo —dijo, y colgó seguidamente.

Luego hizo algo fuera de lo común: creyendo no ser visto por nadie, salió de la finca con el paquete que me había entregado El Chino y lo ocultó bajo una pesada piedra, al otro lado de la carretera. Volvió al salón y se dispuso a esperar el regreso de su jefe. No es que a mí me importe lo que haga cada cual con sus cosas privadas, pero ciertamente aquello sí que olía a gato encerrado.

Me quedé casi dormido esperando, y cerca de las dos de la noche oí el ruido de un coche que paraba junto a la puerta exterior de la finca. Salté del saco de dormir y me acerqué a gatas hasta la entrada. Jorge Meléndez estaba al volante del Mercedes amarillo que utilizaba siempre. Tocó brevemente la bocina dos veces para avisar a Vicente Planas, pero éste se retrasaba. Meléndez no parecía tener intención de hacer mucho ruido, porque decidió ir a buscarlo personalmente en vez de seguir tocando el claxon. Salió del coche, sin apagar el motor, y entró en la casa. Dudé por un momento si esconderme en el maletero del coche o seguirlos con la bicicleta, y finalmente me decidí por lo último.

5 **reprochable** censurable, criticable – 8 **a hurtadillas** *loc* sin ser visto – 10 **colgar** *aquí:* cortar la llamada de teléfono – 15 **disponerse a hacer uc** ponerse a, prepararse para – 17 **oler uc a gato encerrado** *loc* pensar que se oculta uc – 22 **a gatas** *loc* arrastrándose – 22 **al volante** conduciendo, en el asiento del conductor – 24 **una bocina** Hupe – 25 **retrasarse** llegar tarde – 27 **un claxon** bocina – 29 **un maletero** parte del coche para las maletas

—¿Dónde está el material? —le preguntó Meléndez a su ayudante, ya de vuelta hacia el Mercedes.

—Lo tengo aquí afuera, por si acaso —dijo el narizotas.

Vicente Planas cruzó la carretera y sacó el paquete oculto bajo la piedra. Lo guardaron en el maletero del coche (menos mal que me había decidido a usar la bicicleta en lugar de viajar como polizón), arrancaron y les seguí el rastro pedaleando. A pesar del peligro de accidente que podía correr, no encendí la luz para no ser descubierto. Afortunadamente, el color amarillo del Mercedes se veía bastante bien a distancia, de modo que no tuve muchas dificultades para seguirlos.

Fueron descendiendo lentamente la colina. Apenas circulaban coches. Al pasar junto al cementerio, aminoraron la marcha hasta detenerse en el arcén de la carretera. Pensé que se habían dado cuenta de que estaba tras su pista. Tal vez alguno de los escasos coches con los que nos cruzamos me iluminó con sus faros y descubrieron mi silueta a través del espejo retrovisor. Si era así estaba perdido, porque no tendrían ninguna dificultad en alcanzarme cuesta arriba con el Mercedes. Sólo me quedaba esperar y pedir a Alá que me protegiera.

Mis temores eran infundados. Meléndez y Planas, tras asegurarse de que no circulaba nadie en ese momento por los alrededores (no me habían visto a mí, desde luego), tomaron un camino de tierra y aparcaron junto a la tapia trasera del cementerio. Sacaron la bolsa y una linterna del maletero y se dirigieron a la caseta del guardián.

7 **un polizón** up que viaja ilegalmente en un vehículo (blinder Passagier) – 7 **arrancar** *aquí:* poner en marcha – 7 **el rastro** *huella* (Spur) que deja up o animal al pasar – 7 **pedalear** mover pedales para avanzar – 13 **circular** *en un coche* transitar, desplazarse – 13 **aminorar la marcha** ir más despacio – 14 **detenerse** pararse – 14 **un arcén** *Esp* borde, lado de una carretera – 15 **estar tras la pista** *loc perseguir* (verfolgen), ir detrás de – 16 **escaso** poca cantidad de uc – 17 **un faro** *aquí:* luz de delantera de un vehículo – 18 **un** *espejo* **retrovisor** lateral y exterior del coche – 19 **una cuesta** Abhang – 22 **infundado** sin base o fundamento – 26 **una linterna** objeto manual para dar luz – 27 **una caseta** → casa – 27 **un guardián** up que *vigila* (bewachen) un lugar (→ guardar)

—¡Ciriaco! Despierta, hombre, que se te escapan los muertos —dijo el narizotas, procurando no levantar demasiado la voz.

La luz que iluminaba la ventana desde dentro daba fe de que alguien estaba de guardia dentro de la caseta. Casi de inmediato se asomó a la puerta un hombre mayor y algo arrugado.

—Menos bromas, que estamos en terreno sagrado —dijo Ciriaco tambaleándose notoriamente—. ¿Me habéis traído algo?

El gordo Meléndez abrió la bolsa de deporte que había sacado del maletero y extrajo de ella dos botellas de licor amarillento.

—Ron añejo para el desayuno de un viejo —le dijo haciendo bailar las botellas ante sus ojos.

Ciriaco le quitó una de las manos y, sin mediar palabra, desenroscó el tapón y dio un largo trago. Se secó la boca con el dorso de la mano, tapó de nuevo la botella y le entregó un llavero a Meléndez diciendo:

—Bueno, muy bueno —la voz era de garganta quemada—. Aquí tienen las llaves del «apartamento azul».

Estas dos últimas palabras fueron pronunciadas por el guardián del cementerio con un tono irónico. Tal vez fuera una clave secreta, pensaba yo. Pero estaba en un error. El «apartamento azul» no era una clave, sino un lugar muy especial, como pude comprobar a continuación.

Vicente Planas y su jefe se dirigieron a la entrada del cementerio, abrieron la puerta con una de las llaves y se internaron en él. Les empecé a seguir entre tumbas y nichos con bastante miedo, debo reconocerlo. Era la primera vez que

2 **procurar** intentar – 3 **dar fe de uc** mostrar, constatar – 6 **arrugado** con pliegues en la piel (faltig) – 8 **tambalearse** moverse de un lado a otro – 8 **notorio** claro, evidente, que se nota mucho – 11 **extraer** sacar – 13 **añejo** viejo – 15 **sin mediar palabra** *loc* sin decir nada – 16 **desenroscar** girar uc para abrirla – 16 **un tapón** cierre de una botella (→ tapa) – 16 **un trago** → tragar – 17 **el dorso** parte espalda de uc – 18 **un llavero** objeto para colgar llaves – 27 **internarse** *en un lugar* entrar, meterse – 28 **un nicho** agujero en una pared de un cementerio para meter muertos – 29 **reconocer uc** *aquí:* zugeben

entraba en un cementerio español, y realmente nunca me lo hubiera imaginado así. Varias estatuas de tamaño natural me dieron sustos mortales. En los cementerios árabes que yo había visto sólo había montoncitos de tierra cubriendo a los muertos. Aquí había cruces de hierro y grandes planchas de mármol por todas partes. Estatuas, jarrones, ángeles de piedra, y hasta pequeñas casitas, los mausoleos, con capilla incluida en el interior. Si no hubiera tenido tanto miedo, me habría gustado investigar aquel pequeño absurdo: casas para que vivan los muertos, ¡qué invento!

Estuve tropezando con todas las lápidas hasta llegar cerca de donde se habían detenido mis jefes. A la luz de la linterna, abrieron uno de los mausoleos y desaparecieron en su interior. Era un panteón pintado todo de color celeste. ¡El apartamento azul! Apenas estuvieron tres minutos, y volvieron a salir, pero sin la bolsa bajo el brazo. Cerraron y emprendieron el regreso. Se me puso la carne de gallina al ver que, en lugar de volver por donde habían llegado, cambiaban de rumbo y se dirigían directamente hacia donde yo estaba. Sin pensarlo dos veces me eché al suelo, entre dos tumbas, con la esperanza de que aquello no fuera más que una simple coincidencia. Pasaron junto a mí sin detenerse, y el haz de luz de sus linternas me iluminó brevemente. Nunca había tenido tanto miedo en mi vida.

No me levanté hasta que pasó el peligro. Desde el interior del cementerio vi cómo devolvían las llaves a Ciríaco, entraban en el coche y desaparecían por la carretera, en dirección a Marbella. Tenía el campo libre para regresar a la finca. Ellos iban en dirección contraria, y ya había tenido suficientes aventuras esa noche. No me fue tan fácil saltar las tapias del

5 **una plancha** *de mármol* piedra plana – 6 **un jarrón** vaso para flores – 10 **¡Qué invento!** *interj* ¡Qué idea! – 11 **tropezar** stolpern – 11 **una lápida** piedra que tapa una tumba – 14 *color* **celeste** azul cielo – 17 **ponérsele la carne de gallina** *loc* Gänsehaut bekommen – 18 **el rumbo** la dirección – 22 **un haz** Strahl

cementerio para salir, una vez que habían cerrado la puerta, pero la idea de tener que pasar allí la noche me dio fuerzas suficientes para conseguir escalarlas. Esa noche tuve horribles pesadillas, y por la mañana me costó levantarme más que ningún otro día.

3 **escalar** subir una pared con pies y manos (klettern)

Seis

Al día siguiente, mientras trabajaba ayudando a Omar y a los otros compañeros, mi cabeza daba vueltas intentando dar una explicación lógica al comportamiento de Meléndez y Planas durante la noche anterior. Aquello era un misterio que no podía esconder nada bueno. ¿Qué hacían dos hombres de noche visitando y llevando paquetes a los muertos? Estaba claro que no se trataba de un regalo para los difuntos, sino para alguien que posteriormente, imaginaba yo, iría a recogerlo. Pero cuando alguien entrega algo así, ocultándose de esa manera, es porque nada bueno se trae entre manos. Nadie iba a complicarse tanto la vida para vender cinco kilos de arroz, por ejemplo.

—¿Abdel, quieres traerme la carretilla de una vez? Hoy estás más dormido que nunca —me decía Omar un poco mosca.

Durante varios días seguí con mi labor de espía. Procuraba situarme en lugares altos, donde pudiera ver casi todo lo que sucedía en la casa. Jorge Meléndez no hacía demasiado ejercicio: pasaba la mayor parte del tiempo acunando su enorme tripa en una hamaca de la terraza. Vicente Planas, el narizotas, seguía dando las órdenes necesarias para terminar las obras del chalé. Y mi padre me interrogaba, de tanto en tanto, por los permisos de trabajo y de residencia.

—¿Le has vuelto a preguntar? Mira que ya estamos casi acabando la construcción, y aún no nos han dicho nada —me repetía cada vez que recordaba el tema.

—No te preocupes, que estas cosas siempre se retrasan un poco —le intentaba tranquilizar.

El caso es que no había momento para decirle la verdad, porque siempre estábamos con los otros compañeros, y yo

3 **dar vueltas** *a uc aquí:* pensar uc mucho – 8 **un difunto** muerto – 11 **traerse uc entre manos** *loc* planear, tramar uc – 15 *estar* **un poco mosca** *Esp loc coloq con sospecha de uc* – 16 **una labor** un trabajo – 19 **el ejercicio** *aquí:* deporte – 19 **acunar** mecer (wiegen) – 20 **una hamaca** Hängematte – 22 **interrogar** hacer preguntas para saber uc

quería decírselo primero a mi padre para que él decidiera lo que debíamos hacer. En dos ocasiones más pude registrar los cajones y documentos del despacho de Meléndez, pero no encontré ni el más mínimo indicio de que se estuvieran solicitando permisos de ningún tipo. Los pasaportes falsos habían desaparecido, y en su lugar hallé dos billetes de avión y un contrato de venta de la finca por cincuenta millones de pesetas. Lo que más me extrañó fue la firma del vendedor: Carlos Humanes, uno de los nombres que Jorge Meléndez usaba en los pasaportes falsos. Según deduje por el contrato de venta, Meléndez debía entregar la casa en un plazo de quince días; y con los billetes de avión desaparecería del país, junto a su ayudante, rumbo a Venezuela.

Estaba claro que nos iban a dejar tirados, y lo que nos pudiera pasar les daba igual. La situación iba llegando a su fin, y nosotros debíamos estar preparados para salir corriendo. Todas las promesas no habían sido más que un montón de embustes sin sentido. Una de las veces que estaba revisando los cajones del escritorio, el narizotas estuvo a punto de descubrirme. No estoy seguro de si me vio. Ya me daba igual.

—Abdel, a las cinco tienes que recoger otro paquete del puerto. Es bastante más grande que los demás, así que dile a tu padre que te acompañe —me ordenó Planas al mediodía.

Era muy raro que pidieran que fuera mi padre conmigo, porque eso era un riesgo añadido. Si la policía nos paraba y nos pedía los documentos, no podríamos escapar. Planas no debería ponernos en peligro de esa manera gratuita, pensé de inmediato.

—¿Y si nos detiene la policía para pedirnos el pasaporte? —pregunté—. Creo que es un poco peligroso…

—No te preocupes, jovencito, que los permisos de residencia están concedidos ya. Los tengo en el cajón de mi mesa desde

5 **solicitar** pedir, tramitar – 6 **hallar** encontrar – 8 **extrañar** parecer raro – 10 **deducir** conocer uc nueva por información que ya se tenía – 11 **un plazo** tiempo limitado – 14 **dejar tirado a uc** *coloq* abandonar – 15 **llegar uc a su fin** terminar, finalizar uc – 18 **un embuste** mentira – 18 **revisar** controlar, mirar – 32 **concedido** aprobado, autorizado

hace tres días. No corréis ningún peligro —mintió el narizotas con voz muy convincente.

No me di cuenta hasta mucho más tarde de que aquello era una trampa. Yo quería creer a Vicente Planas, deseaba que fueran ciertas sus palabras, pero estaba claro que me engañaba. En los cajones de su mesa no había ningún permiso, y eso era algo que yo sabía muy bien. De todos modos, me dije, aquella sería una ocasión perfecta para explicarle la situación a mi padre, con pelos y señales. A él le tocaba tomar una decisión.

Tardamos media hora en llegar al puerto, callejeando para evitar las avenidas principales. Por el camino le fui contando toda la historia a mi padre, que asentía con la cabeza sin abrir la boca.

—¿Estás seguro de todo lo que me has dicho, Abdel? ¿No serán imaginaciones tuyas? —quiso confirmar él.

—Papá, por favor… ¿Crees que en la situación en la que estamos voy a inventar historias? —protesté de mala gana.

Guardamos silencio hasta que llegamos al puerto. Mi padre movía la cabeza de un lado a otro, como siempre que se concentraba intensamente buscando la solución de algún problema. En el muelle esperaba impaciente El Chino. Eran las cinco y diez. Llegábamos tarde.

—Vamos, chico, que éstos no son negocios en los que se pueda uno retrasar. Aquí tienes el último envío. A partir de ahora, si te he visto, no me acuerdo —dijo girando sobre sus talones y desapareciendo en dirección al fondo del espigón.

No supe reaccionar en ese momento. Algo me decía que allí no funcionaban las cosas con normalidad. De pie en el muelle, con el paquete en la mano, me quedé por unos instantes con la mente en blanco. La mano de mi padre apoyándose

2 **convincente** que se cree que dice la verdad – 9 **con pelos y señales** *loc* detalladamente – 10 **callejear** ir por calles sin rumbo – 12 **asentir** decir que sí con la cabeza – 17 **inventar** imaginar, pensar uc que es mentira – 17 **de mala gana** sin ganas – 25 **si te he visto, no me acuerdo** *aquí:* no te conozco – 26 **un talón** Ferse – 26 **al fondo de** el final de un lugar – 26 **un espigón** Buhne – 30 *tener* **la mente en blanco** *loc* vacío, sin ideas

en mi hombro me sobresaltó y me hizo volver a la realidad bruscamente.

—¿No era un paquete grande el que tenías que recoger? Se supone que por eso te acompaño yo… —razonó mi padre.

—Así es. Otro misterio más. Hay algo que no funciona —dije presintiendo una amenaza invisible.

—Esto es una trampa, Abdel. Hay que actuar rápidamente.

Mi padre huele el peligro. Será por la costumbre de vivir tantos años escondiéndose. En menos de diez segundos tenía un plan de huida.

—Yo voy delante con el paquete —empezó a organizar—. Tú me sigues a quince metros, atento a los coches y los movimientos sospechosos. En ningún caso nos deben coger a los dos. Si te cogen a ti, grita en árabe y yo saldré corriendo. No te podré ayudar si me meten a mí también en la cárcel.

—¿Y si te cogen a ti? —pregunté, sabiendo la respuesta.

—Está claro: escapa como puedas. Por tu vida y por la mía, Abdel, no te dejes atrapar. Si esto es una trampa, tal y como imagino, nos querrán cazar a los dos.

Nos pusimos en marcha, atentos a cualquier movimiento extraño. Yo tenía el corazón a punto de estallar, y sabía, igual que mi padre, lo que iba a suceder casi paso a paso. Y así fue.

A la salida de la ciudad, un coche se acercó despacio a mi padre. Yo seguía andando quince metros por detrás. Dudaron un momento, probablemente sorprendidos al vernos separados. Bajaron cuatro hombres vestidos de paisano. Dos de ellos se dispusieron a esperar a que yo llegara a su altura, mientras los otros dos aceleraron la marcha para capturarlo a él. Hice como si me atara los cordones de las zapatillas, dispuesto a correr. Alcanzaron a mi padre, le enseñaron una placa y vi cómo sacaban unas esposas.

1 **un hombro** Schulter – 1 **sobresaltar** dar un salto, asustar – 7 **actuar** reaccionar, hacer uc – 12 **atento** prestando atención, fijándose – 13 **sospechoso** raro, extraño, fuera de lo normal (→ sospechar) – 15 **meter en** poner dentro – 19 **cazar** atrapar, coger – 21 **estallar** explotar – 26 **de paisano** sin uniforme – 27 **llegar a la altura de uc** hasta donde está – 29 **un cordón** Schnur – 30 **dispuesto** preparado para, con la intención de hacer uc – 30 **una placa** *de policía* indentificación – 31 **unas esposas** *pl* Handschellen –

—¡Corre, Abdel, que no te cojan! —gritó mi padre con todas sus fuerzas.

Los otros dos hombres que me esperaban ya se acercaban a la carrera para intentar atraparme. Crucé como un suicida la calle y corrí sin aliento, sorteando coches, peatones y todo lo que estuviera en mi camino. Oía las voces de mis perseguidores gritando:

—¡Alto, alto a la policía! ¡Detengan a ese chico!

Tuve que zafarme de varias manos que me intentaban frenar, pero nadie pudo detenerme. Las voces se escuchaban cada vez más distantes. En cuanto vi un pequeño bosque, a las afueras de Marbella, cerca ya del cementerio, supe que podía burlarlos. Me metí de lleno en el bosque, subí a lo alto de un sauce muy frondoso y esperé a que pasara el peligro. Varias veces las patrullas de policías estuvieron cerca del árbol que me ocultaba, y una de ellas vi claramente a Vicente Planas entre los que me intentaban dar caza. Habíamos caído en la trampa, pero tendrían que esforzarse un poco más si querían cogerme a mí también.

—¡Traed a los perros y que sigan su rastro! —ordenó uno al que todos llamaban «mi teniente».

Eso sí que no estaba previsto. Gracias a su olfato, un perro podría encontrarme fácilmente en ese pequeño bosque, así que tendría que inventar algún truco.

Los policías se fueron retirando poco a poco hasta los límites del bosque, y establecieron una estrecha vigilancia en todas las posibles salidas. Su objetivo era impedir mi huida. Cuando trajeran los perros, volverían a internarse en el bosque para buscarme y, eso esperaban ellos, para encontrarme. Pero yo no iba a darles facilidades.

4 **a la carrera** *loc* corriendo – 4 **un suicida** up que se quiere matar (→ suicidio) – 5 **el aliento** aire, respiración – 5 **sortear** evitar – 6 **un perseguidor** → perseguir – 9 **zafarse de uc** librarse – 10 **frenar** bremsen – 13 **burlar a up** esquivar, evitar – 13 **de lleno** *loc* enteramente, totalmente – 14 **un sauce** Weide – 14 **frondoso** con muchas hojas – 17 **dar caza a up** coger, atrapar – 18 **esforzarse en uc** → esfuerzo – 22 **el olfato** sentido del olor – 24 **un truco** Trick – 25 **retirarse** irse, volver atrás – 26 **una vigilancia** → vigilar – 27 **impedir** evitar, no dejar hacer uc

En cuanto desaparecieron de mi vista, bajé del árbol. En menos de media hora estarían de vuelta, así que tenía que darme prisa. Corrí pendiente abajo hasta encontrar lo que buscaba: un pequeño charco de agua. Sin pensarlo dos veces, me senté en el centro del charco y empecé a bañarme en barro. Me froté la piel y las ropas, desde los zapatos hasta el último pelo. Me revolqué varias veces, como si fuera una croqueta rebozándose en pan rallado, hasta que estuve completamente cubierto de lodo. Me alejé de nuevo y me volví a subir a otro árbol distinto. Sólo quedaba esperar.

Al cabo de un buen rato, comencé a escuchar los primeros ladridos de los perros. Seguían mi rastro por toda la zona. Primero estuvieron ladrando al sauce que me había servido de refugio. Luego se dirigieron a la charca de agua, pero no supieron salir de allí. Iban de la charca al sauce, y del sauce a la charca, ante la desesperación de todos. Tres horas después, empezó a anochecer. Los perros y los policías se fueron retirando.

—Habrá que volver mañana con toda la compañía y peinar la zona —dijo de nuevo «mi teniente».

Yo esperé en la copa del árbol hasta las dos de la noche. Sólo entonces jugué mi siguiente baza, casi la última hasta ahora. Era una idea terrorífica, pero no se me ocurrió otra mejor.

3 **una pendiente** cuesta – 4 **un charco** pequeño agujero en el suelo con agua (Pfütze) – 5 **el barro** mezcla de tierra y agua – 7 **revolcar** echarse, tirarse sobre uc frotándose – 8 **rebozar** empanar (panieren) – 12 **un ladrido** sonidos que hace un perro – 14 **un refugio** escondite (→ refugiarse) – 14 **una charca** charco grande – 19 **peinar** *aquí:* registrar, mirar detalladamente un lugar – 22 **jugar una baza** *loc aquí:* desarrollar un plan o idea

Siete

Supe que eran las dos por el reloj de la iglesia. Desde donde yo estaba no se veía, pero pude escuchar sus campanadas. Era el momento de iniciar la retirada. Bajé del árbol y salí del bosque al amparo de las sombras. Un retén con tres coches y diez policías hacía guardia a la salida, pero no pudieron verme cruzar, medio dormidos como estaban. Tumbándome en la cuneta cada vez que pasaba un automóvil, fui subiendo por la carretera hasta llegar al cementerio. A este cementerio desde donde escribo.

Tuve que hacer un gran esfuerzo para dominar el miedo. No sé por qué, pero aunque sean más peligrosos los vivos que los muertos, dan mucho más miedo los que ya nada pueden hacer. El cementerio era el escondite perfecto. A mis perseguidores también les impone respeto este lugar, así que tenía más posibilidades de seguir libre aquí que en cualquier otro sitio.

Tragando saliva y apretando los puños, salté la tapia y empecé a buscar un refugio entre las tumbas. Igual me daba uno que otro, pero al fin escogí este mausoleo de la familia Ponce Santamaría. Se entra y se sale con relativa facilidad, saltando una puerta enrejada que no llega hasta el techo. Los perros no pueden trepar, aunque me huelan. Su interior no es visible desde fuera, pero tiene tres ventanucos que me permiten ver buena parte del cementerio. Tengo a la vista la puerta de entrada y el panteón azul, el escondite secreto de Jorge Meléndez y su ayudante. Desde aquí podré observarlos

3 **una campanada** Glockenschlag – 4 **iniciar** comenzar, empezar – 4 **la retirada** → retirarse – 5 **al amparo de** con la protección – 5 **un retén** reserva, refuerzo – 6 **hacer guardia** vigilar – 7 **tumbarse** echarse – 8 **una cuneta** Straßengraben – 15 **imponer respeto uc** asustar, dar miedo – 21 **enrejada** con *rejas* (Gitter) – 22 **trepar** escalar – 23 **un ventanuco** ventana pequeña – 27 **al fin y al cabo** *loc* después de todo, finalmente – 28 **siniestro** tenebroso, desagradable

sin peligro cuando regresen. Al fin y al cabo, ésa fue una de las razones principales para ocultarme en este sitio tan siniestro.

No puedo mentir. La primera noche, aunque sólo fueran dos o tres horas las que pasaron antes del amanecer, pasé un miedo espantoso. Los muertos, la verdad, me imponen un respeto muy especial, a pesar de que me repito constantemente que ya no hacen nada. Ni siquiera saben que los vivos los miramos con recelo.

No pude meterme dentro del panteón de la familia Ponce Santamaría hasta que empezó a amanecer. No me atrevía. Las primeras luces de la mañana comenzaron a barrer sombras y fantasmas y eso me infundió el valor necesario. El cementerio, sin dejar de ser un lugar de espanto, ya no estaba lleno de ruidos y sobresaltos. Me iba acostumbrando. Además, con la luz yo era más vulnerable a la vista de los otros, así que armado de coraje, y tras pedir disculpas a los inquilinos del mausoleo, entré en mi nueva casa con los ojos bien abiertos.

Unas escaleras de mármol me condujeron a un pequeño sótano: una cripta minúscula en donde, según las leyendas de la pared, reposaban siete ilustres antepasados Ponce. Aún quedaba sitio para otros tres. Puede que sea absurdo, pero me encontré a mí mismo explicándoles en voz baja a los ilustres difuntos que me apellidaba Muhbahar, y que mi estancia junto a ellos iba a ser breve y tranquila. No los molestaría mucho, así que podían seguir descansando en paz sin inmutarse lo más mínimo. Eso esperaba de ellos. Nada más.

Me quedé dormido entre las dos paredes de nichos. Debía estar bien avanzado el mediodía cuando unas horribles pesadillas me despertaron. Nunca pude recordarlas. Tampoco he tenido demasiado interés en hacerlo, si he de ser sincero. La

3 **espantoso** terrible, *aquí:* muy grande – 5 **ni siquiera** nicht einmal – 6 **el recelo** desconfianza, sospecha, temor – 8 **atraverse** tener *valor* (Mut) para hacer uc – 9 **barrer** fegen *aquí:* eliminar, borrar – 10 **infundir** dar – 11 **de espanto** espantoso – 12 **un sobresalto** → sobresaltar – 14 **armado de coraje** lleno de valor – 14 **un inquilino** habitante, residente de una casa *aquí:* los muertos – 16 **una escalera** Treppe – 17 **minúsculo** muy pequeño – 18 **reposar** descansar – 18 **ilustre** notable, famoso – 23 **inmutarse** variar, cambiar de estado – 29 **el asombro** sorpresa

primera sensación al abrir los ojos fue de asombro. ¿Dónde me encontraba? ¿Qué hacía allí? La segunda, de miedo: me había quedado dormido junto a siete cadáveres. Cada uno en su ataúd y en su nicho; bien tapaditos, es verdad, pero aun así...

Subí el pequeño tramo de escaleras de la cripta y me asomé con cuidado al exterior. Todo estaba tranquilo. Una mujer mayor, vestida toda de negro, limpiaba los alrededores de una losa de mármol y la adornaba con flores frescas. Imaginé que sería la tumba de su marido. Un poco más allá, otra mujer de luto, más joven y con una niña que gateaba junto a ella, quitaba matojos y malas hierbas de otra lápida. El sol, casi en su vertical, arrancaba reflejos de todas las cruces cromadas y plateadas. Nadie más.

Sentado en una esquina interior del panteón, comencé a idear un plan para sacar a mi padre de las manos de la policía. No podían acusarle de nada, porque no había cometido ningún delito, aunque el solo hecho de no tener pasaporte ni permiso de residencia era ya un delito. Si me cogían a mí también, entonces seguro que nos deportaban de vuelta a Marruecos. Eso sería el fin: la cárcel de por vida, la muerte de mi padre. Hiciera lo que hiciera, yo tenía que mantenerme libre para defenderle. De momento no sabía cómo podía ayudarle desde un cementerio, pero pensé que ya se me ocurriría algo.

Las horas transcurrían con lentitud, mientras yo cada vez me sentía más como un ratón encerrado en su ratonera. A media tarde, un nuevo entierro llenó el cementerio de voces. *¿Y* si el nuevo muerto que llegaba era uno de los tres que faltaban de la familia Ponce Santamaría? Afortunadamente, mi suerte no era tan negra. Hubiese sido demasiado. Eso creí, hasta que un perro comenzó a ladrar a la puerta del mausoleo. ¡Vaya

2 **un ataúd** caja para enterrar muertos – 3 **asomarse** sacar la cabeza por un lugar para ver uc – 8 **de luto** *loc* vestido de negro por la muerte de up – 8 **gatear** moverse con pies y manos (→ gato) – 9 **un matojo** arbursto, matorral – 10 **cromado** verchromt – 11 **plateado** color de la plata – 12 **idear uc** pensar, imaginar – 14 **acusar de uc** culpar (beschuldigen) – 17 **deportar a up** devolver a up a su país – 19 **mantenerse libre** quedarse en una situación a lo largo del tiempo – 23 **un ratón** Maus – 28 **ladrar** → ladrido – 28 **¡Vaya casualidad!** Was für ein Zufall!

casualidad! Había olido una extraña presencia, la mía, en el interior y trataba de llamar la atención de sus amos.

—¡Calla de una vez, Rambo! —le ordenó su dueño amenazante.

El perro no se daba por vencido y seguía ladrando sin verme. Unas gotas de sudor frío empezaron a correr por mi espalda.

—Es muy raro que ladre a un panteón vacío. Tal vez deberíamos avisar al guardián para que investigue —oí decir a una voz de mujer.

Tenía que salir de aquel lío o mis días de libertad habrían terminado. Sentí la boca reseca, cerré los ojos y dejé escapar un pequeño suspiro. El perro arreció los ladridos. Hice un intento desesperado antes de arrojar la toalla.

—¡Miaaauuuu! —dije con un hilo de voz.

—¿Has oído eso, Antonio? —dijo la mujer entre los ladridos del perro.

—¡Miiaaaaauuuuu! —repetí algo más convincente.

—¡Un gato! ¡Pues claro, Nieves! ¿A quién creías que ladraba Rambo, a las almas en pena? ¡Tienes cada cosa! —oí al hombre, que se alejaba tirando de un perro nada convencido.

Por esta vez me había librado, pero por los pelos. No siempre la suerte iba a estar de mi parte.

2 *tono* **amenazante** → amenaza – 3 **darse por vencido** *loc* dejar de luchar – 4 **correr** *aquí:* desplazarse, deslizarse – 9 **reseco** muy seco, sin saliva – 12 **con un hilo de voz** muy bajo, que casi no se oye – 17 **un alma en pena** *fem* espíritu que no tiene descanso – 18 **tirar** ziehen – 18 **convencido** que se lo cree (überzeugt) – 19 **por los pelos** *loc* casi, por poco

Ocho

Pasado el susto del perro y mi posterior transformación en gato, llegaron unas cuantas horas de tranquilidad. Desde que me unté de lodo en la charca del bosque, no había podido lavarme, así que tenía un aspecto horroroso, lleno de barro hasta las cejas y con la ropa acartonada. Como para ir de fiesta, más o menos. Pero no era eso lo que me preocupaba. Mis mayores problemas empezaban a ser el hambre y la sed. Llevaba ya veinticuatro horas sin probar bocado. Aún podría aguantar hasta dos o tres días más sin comer, pero la sed era insoportable.

A media noche, con casi tanto miedo como la primera vez, y armado con mi honda (la llevo siempre encima, atada a la cintura, aunque esta vez la llevaba en la mano, por si acaso), salí de mi guarida en busca de agua. No esperaba encontrar ninguna fuente, pero seguro que en algún lugar había una toma de agua para regar las plantas. Si además encontraba alguna fruta caída o los restos de un bocadillo, tanto mejor.

Para abrir las bocas de agua que había en los alrededores, se necesitaba una llave que yo no tenía. Sin embargo, naciendo de una de las paredes de la casa del guarda, había un grifo normal y una manguera. Sólo tenía que moverme sin hacer ruido. Saqué de una papelera dos latas vacías de *coca-cola* y las llené con agua. El guarda dormía a pierna suelta, y desde el exterior podía oír sus ronquidos. La piel de un plátano y unas mondas de naranja fueron lo único que encontré para comer. Estaban malísimas, pero era mejor que nada. De otra papelera

4 **untar** schmieren – 4 **el lodo** barro – 6 **una ceja** Augenbraue – 6 **acartonado** duro como el cartón – 9 **sin probar bocado** *loc coloq* sin comer nada – 10 **aguantar** soportar (aushalten) – 11 **insoportable** inaguantable (→ soportar) – 13 **armado** bewaffnet – 15 **una guarida** refugio, escondite – 17 **una toma** *de agua* lugar por donde sale el agua – 17 **regar** echar agua *p ej* a una planta – 19 **una boca de agua** lugar para conectar una manguera para regar – 21 **un grifo** Wasserhahn – 23 **una papelera** objeto para echar basura – 24 **dormir a pierna suelta** *loc* profundamente – 25 **un ronquido** → roncar – 26 **las mondas** piel

rescaté un periódico. Necesitaba algo para entretenerme durante el día, así que, aunque sólo fueran noticias de fútbol, tendría cosas para leer. Con ese botín regresé a mi guarida.

Por la mañana, sabiendo que las horas de luz iban a ser largas, empecé a leer el periódico sin ninguna prisa. La verdad es que la mayoría de los artículos eran muy aburridos, pues hablaban de dinero, empresas y políticos desconocidos para mí. Pero cuando estaba llegando al final, me dio un vuelco el corazón. En la página de *Sucesos* venía una foto de mi padre acompañada del siguiente artículo:

DETENIDO TRAFICANTE DE DROGA

Gracias a una llamada anónima, miembros de la Brigada Antinarcóticos de la Policía Nacional detuvieron ayer en nuestra ciudad a un hombre de raza árabe acusado de tráfico de estupefacientes. En el momento de la detención, y tras un pequeño forcejeo con las fuerzas de seguridad, le fue incautado un paquete que contenía cinco kilos de cocaína. El traficante, que dice llamarse Yasir Muhbahar, entró ilegalmente en España procedente de Marruecos y trabajaba con un socio menor de edad, que pudiera ser su propio hijo, el cual consiguió darse a la fuga. El detenido se encuentra en prisión preventiva y a la espera de juicio.

Esa noticia fue como un puñetazo para mis ojos. ¡Mi padre en la cárcel acusado de tráfico de drogas, era increíble! Así que ése era el juego que se traían Jorge Meléndez y Vicente Planas. Todos los paquetes que me daba El Chino y estuve transportando del puerto a la finca eran de cocaína, y yo no había caído en la cuenta hasta ese instante, en que ya era demasiado tarde.

1 **rescatar** salvar *aquí:* sacar de la basura – 8 **dar un vuelco el corazón** *loc* sentir de pronto un sobresalto – 15 **un estupefaciente** droga – 15 **una detención** → detener – 16 **un forcejeo** lucha, oposición con violencia – 16 **incautado** confiscado – 19 **un socio** up asociada con otro – 22 **un puñetazo** golpe con el puño – 27 **caer en la cuenta** comprender, darse cuenta

Las piezas del rompecabezas empezaban a encajar. Meléndez y su ayudante debieron de saber que sospechábamos de ellos. Seguramente cometí algún error. Tal vez me vieron leyendo papeles, cuando les había dicho que yo no sabía leer. O descubrieron que los seguía por la noche. Quizá Omar notó mis ausencias nocturnas y se lo dijo a los jefes. Daba igual, el caso es que decidieron deshacerse de mí y de mi padre, y nos tendieron la trampa con el último envío de droga. Con ese truco, ellos se quedaban con las manos libres y sin testigos. ¿A quién iba a creer la policía: a un árabe ilegal que transporta cocaína, o a un respetable y adinerado ciudadano español? Habían sido muy astutos, y nosotros muy tontos. Lo único que les falló en su plan es que yo me quedara libre. Tendría que hacer algo por mi padre. Nadie más le podía ayudar.

Durante los tres días siguientes apenas sucedió nada de importancia, exceptuando que mi hambre y mi rabia iban en aumento. El problema del agua estaba resuelto, de momento. Ya tenía siete latas de refrescos recicladas con agua, y eso era más que suficiente para calmar mi sed durante varios días. Pero no había nada sólido que calmara los lamentos de mi estómago. Llegué a comerme media docena de claveles frescos, y me estuvo doliendo la tripa durante horas. Ya podrían plantar naranjos en vez de cipreses dentro de los cementerios, pensaba yo.

Durante el día, a las horas de sol, en las que se hacía larguísimo este encierro, me dedicaba a pensar en un posible plan que sacara a mi padre de la cárcel. Sólo contaba con la honda, un bolígrafo y este cuaderno, los tres únicos objetos que salvé en mi huida, y gracias a que siempre han estado pegados a mi piel como una calcomanía. Fue entonces cuando

1 **un rompecabezas** *coloq* problema de difícil solución – 1 **encajar** meter uc dentro de otra cosa *aquí:* solucionar – 7 **deshacerse de up** eliminar – 8 **tender** *una trampa* preparar – 9 **un testigo** up que ha visto u oído uc (Zeuge) – 11 **adinerado** con dinero – 12 **astuto** listo – 17 **ir en aumento** crecer, ser mayor, hacerse más grande – 20 **sólido** *aquí:* comida – 20 **un lamento** queja *aquí:* ruido por hambre – 21 **un clavel** Nelke – 27 **contar** *aquí:* tener – 30 **una calcomanía** Abziehbild

empecé a escribir esta historia, más que nada para ocupar el tiempo y reflexionar.

Cuando cumplí la quinta noche de encierro, ya no sabía qué me angustiaba más: si el hambre, no saber nada de mi padre, estar escondido todo el día en un cementerio, que la policía me estuviera buscando, dormir todas las noches en un mausoleo con otros siete muertos... Todo era bastante horrible, la verdad. Sabía que una noche cualquiera, no muy lejana, vendrían el gordo y el narizotas a recoger el cargamento que tenían escondido en el panteón azul. Sin duda volverían, porque allí estaban aún las bolsas de cocaína, custodiadas en silencio por los antepasados de la familia Carvajal. No sabía qué hacer cuando llegara ese momento. En realidad no podía hacer nada contra ellos. Yo no era nadie. Menos que nadie. En cuanto moviera un dedo a la luz, un ejército de policías caería sobre mí dijera lo que dijera.

Con esos negros pensamientos estaba, sentado sobre una lápida de mármol, cerca de la puerta de entrada, cuando Alicia y Miguel hicieron su aparición de una manera un poco extraña.

4 **angustiar** causar temor o preocupación – 9 **un cargamento** mercancia que se pone en un vehículo – 11 **custodiado** vigilado

Nueve

Primero llegó un chico de unos veinte años, flaco y desgarbado, y se sentó en un saliente de la verja, junto a la entrada del cementerio. Encendió un cigarrillo y comenzó a fumar con movimientos nerviosos. Una sombra densa le ocultaba, aunque yo podía verle porque dentro del cementerio la oscuridad era aún mayor. Serían cerca de las diez de la noche. Pensé que eran un sitio y una hora un poco extraños para descansar, pero tampoco iba a meter las narices en todas las cosas raras que hace la gente. Bastante tenía con resolver mis problemas, si es que podía.

Al cabo de un rato, escuché los pasos de dos transeúntes que bajaban bordeando la tapia. El chico que estaba oculto por la sombra apagó el cigarrillo y sacó un objeto que no pude identificar del bolsillo trasero de su pantalón. Parecía estar esperándolos. Cuando los que venían llegaron a su altura, salió de la sombra y les cortó el paso. Con un rápido giro de muñeca, hizo brillar ante sus ojos el inequívoco filo de una navaja.

—Venga, chicos. Como se os ocurra gritar o echar a correr, os meto un pinchazo fijo. Ahora dadme toda la pasta que llevéis encima antes de que me ponga nervioso.

Alicia y Miguel, que así se llamaban las víctimas, aunque eso yo aún no lo sabía (no podía saberlo), temblaban como corderos. Debían de tener mi edad, aproximadamente, aunque ella era más alta que él.

—No tenemos nada. En serio. Míralo tú mismo si quieres —decía Alicia con voz temblorosa abriendo su bolso.

2 **flaco** muy delgado – 3 **desgarbado** sin estilo, ≠ elegante – 3 **una verja** Zaun – 12 **un transeúnte** peatón – 13 **bordear** rodear – 17 **la muñeca** *de la mano* Handgelenk – 18 **inequívoco** reconocible (→ equivocado) – 18 **el filo** Schärfe – 18 **una navaja** cuchillo que se *dobla* (falten) – 20 **un pinchazo** Stich – 20 **fijo** *aquí:* seguro – 20 **la pasta** *coloq* dinero – 23 **temblar** zittern – 24 **un cordero** oveja joven – 27 **tembloroso** → temblar

—No empecéis con chorradas y dadme todo lo que tengáis de valor. Mirad que con el mono que tengo no controlo y se me dispara la mano —decía el asaltante pinchando el aire con la navaja.

Lo que pasó después lo hice sin pensar. Con movimientos ajenos, como un autómata, me encontré a mí mismo haciendo girar velozmente la honda. Yo no conocía ni al agresor ni a las dos víctimas que, al otro lado de la verja de entrada, estaban representando un asalto a mano armada, pero la cobardía de usar una navaja y esconderse tras las sombras me pareció insultante.

La piedra salió violenta y silenciosa de mi honda, y el agresor se dobló sobre sí mismo sorprendido por un repentino dolor en la rodilla. Buscó con la mirada y, no sabiendo de dónde procedía el ataque, debió suponer que había sido un truco rápido de sus víctimas. Alicia y Miguel seguramente tampoco entendían qué le ocurría a su asaltante, al que vieron primero doblarse sobre su cintura agarrándose la rodilla para, después de una breve vacilación, mirar con odio y lanzarse hacia ellos acero en mano. Yo ya había cargado de nuevo mi honda, y esa segunda piedra, lanzada con más fuerza todavía, le arrancó la navaja de la mano con un aullido de dolor. Alicia y Miguel seguían paralizados por el terror y el desconcierto mientras su asaltante huía calle abajo cojeando y sujetándose la mano derecha.

—Vámonos, corre —dijo Miguel nerviosamente tirando de Alicia.

1 **una chorrada** *coloq* tontería – 2 **el mono** *coloq* síntomas por falta de droga (Entzugserscheinung) – 2 **controlar** *coloq* saber lo que se hace – 3 **disparar(se)** *la mano aquí:* moverse rápidamente y sin control – 3 **un asaltante** up que ataca por sorpresa – 3 **pinchar** → pinchazo – 9 **un asalto a mano armada** *robo* (Raub) por sorpresa y armado – 9 **la cobardía** ≠ valentía (→ cobarde) – 11 **insultante** ofensivo (beleidigen) – 13 **repentino** de repente – 14 **una rodilla** Knie – 15 **proceder** venir – 18 **agarrar** sujetar con fuerza – 19 **una vacilación** *duda* (Zweifel) – 20 **el acero** Stahl – 20 **cargar** laden – 22 **un aullido** grito de dolor – 24 **cojear** caminar desigualmente por problemas en la pierna

—¡Espera! Alguien nos ha ayudado, y quiero darle las gracias —susurró Alicia buscándome con la mirada por los alrededores.

—Aquí no hay nadie. Sólo los muertos del cementerio —insistía Miguel.

Alicia se acercó a la verja de entrada. No podía verme, pero creo que sabía que yo estaba allí.

—¡Eh, quien quiera que seas, tengo que darte las gracias por habernos ayudado! —Alicia se dirigía a las sombras.

—Tú estás tonta, hablando con los muertos como si cualquier cosa. Como se levante alguno, te vas a enterar de lo que es pasar miedo —dijo Miguel en voz baja, temblando todavía.

—Cállate, hombre. ¿Desde cuándo los muertos tiran piedras? —le reprochó Alicia.

Y luego, volviéndose de nuevo hacia el interior, siguió:

—Sé que estás ahí, y me gustaría agradecerte el favor, pero si no quieres o no puedes asomarte, al menos quiero que lo sepas. ¿De acuerdo? Yo me llamo Alicia, y éste es mi hermano Miguel —dijo zarandeando al chico.

Sabía que yo estaba allí. Si les dejaba marcharse sin más, al llegar a su casa contarían toda la aventura, y seguro que después vendrían a investigar con policías y demás. No podía callarme por más tiempo.

—¡Eh, vosotros, esperad un momento! —les grité desde la verja cuando ya se habían dado la vuelta y se marchaban.

—¡La cagamos, yo no vuelvo ahí ni loco! —dijo Miguel frenando en seco.

—No seas idiota, que no pasa nada —Alicia arrastraba a Miguel hacia la verja, aunque se notaba que ella también estaba muerta de miedo.

2 **susurrar** hablar en voz muy baja – 11 **te vas a enterar** *coloq* amenaza, vas a saber – 20 **zarandear** mover de un lado a otro con violencia – 27 **cagarla** *coloq* cometer un error difícil de solucionar (versauen) – 28 *frenar* **en seco** de repente – 31 **estar muerto de miedo** *loc* tener mucho miedo

Comprendo que el aspecto que ofrecía yo al otro lado de las rejas no era precisamente el de un ángel benefactor. Aún tenía barro entre las ropas, el pelo acartonado, rasgos norteafricanos en la cara, acento extranjero, y me escondía dentro de un cementerio.

—Ya que vosotros os habéis presentado, lo haré también yo: me llamo Abdel. Necesito que me hagáis un favor. Para vosotros no va a suponer ningún esfuerzo, y para mí es importantísimo —les dije mirándolos fijamente.

—Tú dirás. Estamos en deuda contigo —respondió Alicia.

—Se trata sólo de que no digáis a nadie que estoy aquí. Con eso me conformo.

—Eso está hecho, Abdel —Miguel soltó un suspiro de alivio. Tal vez pensaba que les iba a pedir algo muy difícil.

—¿Y nada más? Eso no es devolverte el favor. Nosotros queremos hacer algo positivo por ti. Algo que te ayude, además de callarnos para que nadie te moleste —insistió Alicia.

—Claro. Algo como dinero, comida, ropa, no sé... ¿Seguro que no necesitas nada? —se animó Miguel.

—No. Bueno, sí... No, no. No necesito nada, gracias —dije dudando.

—Venga, hombre, anímate. Si podemos hacerlo, lo haremos —dijeron casi a dúo.

No pensaba pedirles nada, pero la idea de que pudieran darme algo de comer era demasiado tentadora. Llevaba casi cinco días de ayuno, alimentándome de hierba y hojas de árboles. Notaba que las fuerzas me empezaban a fallar. Las tripas me crujían de sólo pensar en comida. No pude evitar caer en la tentación, así que confesé que en realidad tenía un poco de hambre.

2 **benefactor** bienhechor, protector – 3 **el rasgo** forma de la cara (Gesichtszug) – 7 **hacer un favor** *loc* ayudar (jmd einen Gefallen tun) – 10 **estar en deuda con up** deber un favor a up, tener una obligación moral con up – 13 **soltar** dejar libre – 13 **un suspiro** soltar aire con un sonido (Seufzer) – 13 **el alivio** tranquilidad – 25 **tentador** seductor (verlockend) – 26 **el ayuno** acción de no comer, ≠ desayuno – 27 **fallar** no funcionar bien *aquí:* perder *las fuerzas*, debilitarse – 28 **crujir** hacer ruido *p ej* al cortar el pan – 29 **caer en la tentación** *loc* der Versuchung erliegen – 29 **confesar** decir un secreto

—Es un poco tarde para nosotros. Prometimos a mis padres estar de vuelta antes de las diez y media, y ya casi es la hora, pero podemos invitarte a cenar en casa. Mamá siempre dice que no le importa que llevemos amigos a comer —propuso Miguel consultando su reloj.

—No sería la primera vez —confirmó Alicia—. Además, cuando le digamos que nos has salvado la vida, se pondrá muy contenta y querrá que te quedes en casa.

Alicia siempre exagera un poco. Ella es así. Les dije que eso era imposible. No podía salir del cementerio, porque me pondría en peligro. Nadie debía saber que yo estaba allí. Ellos siguieron insistiendo, dispuestos a traerme la comida aquí. Tenía el estómago a punto de salir corriendo en busca de alimento.

—Muy bien. De acuerdo. Traedme un bocadillo de tortilla, de queso, o de lo que queráis, siempre que no tenga nada de cerdo, que está prohibido en mi religión —concedí finalmente.

Prometieron regresar. Alicia insistía en volver esa misma noche. Decía que era inhumano dejarme hambriento hasta el día siguiente, y le propuso a Miguel salir a escondidas de casa con algo de comida.

—Una deuda es una deuda —decía ante las objeciones de su hermano.

Tal vez no pudieran cumplir su propósito esa misma noche. En ese caso me dejarían un bocadillo junto a la puerta, por la parte de dentro, a cualquier hora del día siguiente. Yo lo recogería más tarde, cuando hubiese oscurecido. Les dije que con el sol alumbrando arriba no iba a poder estar así, al aire libre, hablando tranquilamente con ellos, por lo que tendría que esconderme en un panteón.

5 **consultar** mirar – 9 **exagerar** decir uc más allá de la verdad (übertreiben) – 17 **un cerdo** Schwein – 20 **a escondidas** *loc* sin ser visto – 22 **una objeción** argumento en contra de uc – 24 **cumplir** realizar, llevar a cabo – 24 **un propósito** intención – 28 **alumbrar** iluminar

—Eres un vampiro, ¿verdad? —exclamó Miguel retrocediendo.

—¡Claro que no! —protesté—. ¿Desde cuándo los vampiros comen bocadillos de tortilla?

Nos despedimos, y los dos hermanos se pusieron en marcha prometiendo volver. Yo no estaba seguro de si cumplirían su promesa. Al fin y al cabo, escaparse de casa por la noche para llevar comida a un desconocido que vive en un cementerio no era una juerga que digamos. Ni yo mismo lograba sentirme a gusto rodeado de tumbas. ¿Quién lo estaría? Después de cinco días sin comer ni hablar con nadie, encerrado en este horrible lugar, el comunicarme con dos personas normales, de mi edad, había sido casi como un regalo. Esperé ansioso su regreso, en parte por el hambre y en parte por las ganas de volver a hablar con ellos.

7 **una juerga** *coloq* diversión – 11 **ansioso** con muchas ganas

Diez

Pasaron tres horas, pero a mí me parecieron treinta. El hambre me impedía dormir. Durante el día estaba encerrado con la familia Ponce, y dado que su conversación no era de las más entretenidas, prefería dormir a las horas en las que el sol luce, y estar despierto por la noche, paseando un poco por este extraño jardín de muertos. Dormir de noche dentro de la cripta me daba un poco de miedo, si he de ser sincero. Por el día no me quedaba más remedio. Incluso era una solución para que las horas pasaran más deprisa.

Fui a ver si Ciriaco, el guarda, seguía durmiendo. No tuve que acercarme mucho, porque sus ronquidos traspasaban las paredes de la casa y se oían a más de diez metros. Puede que parezca absurdo, pero esos ronquidos me tranquilizaban. Tanto silencio me asustaba. Y no por el silencio en sí, ya lo he dicho, sino porque era diferente. Era el obligado silencio de los muertos. Los ronquidos, en cambio, eran de alguien vivo, aunque fuera el socio de mis enemigos. Además, mi padre también roncaba, y decía que era para espantar a las fieras y las alimañas. Yo siempre hice como que me lo creía.

Al fin, cuando ya había perdido la esperanza, aparecieron Miguel y Alicia cargados con dos bolsas.

—No hemos podido venir antes. Tuvimos que meternos en la cama, hacernos los dormidos y esperar a que mis padres se durmieran —dijo Alicia.

—¿Os habéis escapado? —pregunté como un estúpido.

—Bueno. Algo así. Pero sólo por un rato, para traerte esto —dijo Miguel enseñándome una bolsa llena de comida—. Si tienes que estar aquí un tiempo, con un bocadillo no tendrás bastante.

5 **entretenido** → entretenerse (unterhaltsam) – 6 **lucir** brillar – 9 **no quedar más remedio** *loc* no tener otra posibilidad – 16 **obligado** que tiene que ser, normal – 19 **espantar** asustar – 19 **una fiera** animal salvaje – 20 **una alimaña** animal peligroso para el ganado

Galletas, leche, pan, mermelada, magdalenas, queso… Me habían traído media despensa desde su casa. Los ojos se me estaban haciendo agua, como si quisieran llorar de alegría, y los dientes empezaron a mascar antes de introducir el primer trozo de comida en la boca.

—Empieza de una vez, que tienes que estar con un agujero en el estómago —me dijo Alicia adivinando mi urgencia.

No hacía falta que me animaran mucho, y tampoco tenía yo fuerzas para resistir por más tiempo sin probar aquellas maravillas. Me di tal atracón en dos minutos que creí que me iba a atragantar. Me entró el hipo y se me cortó mientras comía. Alicia y Miguel me miraban con los ojos desorbitados, como si estuvieran viendo un fenómeno de la naturaleza, y se reían al mismo tiempo.

—¡Qué bárbaro! Si llegamos un poco más tarde, se hubiese comido la verja —dijo Miguel.

—Puedes estar seguro —contesté yo con el estómago repleto, feliz como pocas veces en mi vida.

—¿Por qué no nos cuentas quién eres en realidad, y qué haces aquí? —preguntó Alicia con preocupación.

Pensé que después de lo que habían hecho por mí, bien se merecían los dos hermanos una explicación. Yo estaba hecho un mar de dudas, y tal vez ellos tuvieran alguna idea luminosa.

Nos trasladamos a un lugar un poco más escondido, junto a la puerta de entrada, porque ni yo debía mostrarme a la luz, por miedo a las patrullas de policías, ni ellos querían entrar de noche en el interior del cementerio. No por nada en especial, pero Miguel decía que a lo mejor dentro había muchos mosquitos, y que por eso era mejor no estar tan cerca de las tumbas. Tal vez no fuera por eso, pero daba igual.

1 **una magdalena** pequeño pastel (etwa: Muffin) – 7 **adivinar** saber uc antes – 8 **hacer falta** ser necesario – 9 **resistir** aguantar – 10 **un atracón** acción de comer y beber demasiado – 11 **atragantar** verschlucken – 12 **desorbitado** *aquí:* muy abierto – 15 **¡Qué bárbaro!** *loc interj* ¡Increíble!, expresa asombro y sorpresa – 17 **repleto** lleno – 23 **estar hecho un mar de dudas** *loc* no saber que hacer – 23 **luminoso** *aquí:* genial

—Me llamo Abdel Muhbahar, como os dije antes, y nací en una tienda de lona de una caravana de tuaregs, en el Sáhara, camino de la ciudad de Hauza... —comencé a resumirles mi relato.

Los hermanos escucharon mi historia sin parpadear, con pequeñas tiritonas de frío de cuando en cuando. No me interrumpieron ni una sola vez. A mitad de la historia, al contar la parte en la que atravesamos el estrecho de Gibraltar, vi cómo Alicia se secaba disimuladamente una lágrima. Miguel sólo movía la cabeza de un lado para otro diciendo:

—Qué fuerte... qué fuerte...

Luego nos quedamos en silencio. Yo, porque no quería robarles más tiempo y porque ya no sabía qué más decir. Estaba atrapado en un punto sin retorno y sin salida. No se me ocurría nada. Ellos, asombrados por la historia que acababan de oír. Pensaban que esas cosas no podían suceder en España. Que sólo pasaban en las películas.

—¿Qué piensas hacer? —dijo Alicia.

Estaba temiendo esa pregunta. Cualquier otra hubiera sido más fácil de contestar, pero ésa no.

—No tengo ni idea. No sé. No sé...

—Hay que tender una trampa a los verdaderos traficantes —dijo Miguel muy resuelto—. No sé cómo, pero hay que hacerles caer antes de que se marchen a otro país con todo el dinero y sin dejar huellas.

Dicho así, parecía sencillo. Y la verdad, mirándolo con detenimiento, era eso exactamente lo que había que hacer, lo que íbamos a hacer. Se trataba de idear una trampa en la que cayeran el gordo y el narizotas. Con Alicia y Miguel como aliados en el exterior, tal vez fuera posible hacerlo. Todo era cuestión de inventar algo rápidamente, porque debían de estar

2 **una lona** tela fuerte – 4 **un relato** historia – 5 **parpadear** movimiento de los párpados al abrir y cerrarse (zwinkern) – 6 **una tiritona** temblor por el frío – 6 **de cuando en cuando** *loc* a veces – 7 **interrumpir** decir uc cuando otra persona habla – 9 **una lágrima** gota de agua que sale del ojo – 11 **¡Qué fuerte!** *coloq* das ist der Hammer – 14 **el retorno** vuelta atrás – 15 **asombrado** sorprendido (asombroso) – 23 **resuelto** decidido – 27 **con detenimiento** con tiempo, tranquilamente

a punto de volver, cualquier noche, a recoger el alijo de droga que tenían oculto en el panteón azul de la familia Carvajal.

—¿Podré contar con vosotros? —les pregunté a mis nuevos amigos.

—¡Por supuesto! —contestaron a dúo—. No tienes ni que decirlo.

Chocamos las manos. Aquello era un pacto. De momento no se nos ocurría nada, porque estábamos demasiado excitados como para dar con una idea lo suficientemente buena. Aunque no lo dijera, creo que Alicia estaba preocupada por la hora. Debían regresar a su casa. Miguel estaba muy cansado, y de vez en cuando se le cerraban los ojos. Era normal, a esas horas de la madrugada. Nos despedimos con la promesa de vernos a la noche siguiente, a partir de las doce, en la puerta del cementerio.

—Por si se te ocurre algo para antes de la noche, y necesitas ayuda, pasaremos a las dos de la tarde junto al mausoleo de los Ponce Santamaría. Silbaremos tres veces cuando veamos que no hay nadie alrededor, y entonces nos dices si tienes alguna idea. ¿De acuerdo? —dijo Alicia.

—De acuerdo —contesté yo.

Tres horas después, al filo del amanecer, tenía ya perfilado un plan. Era un poco descabellado, pero, tal vez, la única posibilidad.

1 **un alijo** Schmuggelware – 3 **contar con up** tener la ayuda de up – 5 **¡por supuesto**! *interj* ¡Claro que sí! – 13 **la madrugada** temprano en la mañana, *p ej* las 3 a.m – 18 **silbar** hacer sonido al soltar aire por la boca – 22 **al filo de** cerca de – 22 **perfilado** dibujado, ideado – 23 **descabellado** loco, sin sentido

Once

A las dos de la tarde ya estaba en guardia, esperando que Alicia y Miguel llegaran al cementerio. Tenía el plan perfectamente calculado, a la espera de cazar a los verdaderos traficantes. El estómago lleno me daba fuerzas. Sentía ganas de subirme a una piedra y gritar: «¡Miradme, soy yo: el increíble Abdel, el azote de Alá, la pesadilla de los bandoleros!». Con la tripa satisfecha y dos amigos como socios, ya no le tenía miedo al futuro. Hasta los Ponce Santamaría, tan calladitos ellos, me empezaban a caer bien. Oí unas pisadas. Luego, tres silbidos: eran mis amigos. Comenzaba la cuenta atrás.

—No hay moros en la costa —le oí decir a Alicia.

—¿Que no hay qué…? —pregunté.

—¡Huy, perdona! Es una forma de hablar, no me hagas caso —Alicia se puso roja como un tomate—. Quise decir que no hay peligro.

Mientras Miguel vigilaba la entrada por si alguien se acercaba, le dije a Alicia lo que necesitaba para cazar al gordo y a Planas: seis metros de cuerda, una barra de hierro y dos o tres canicas grandes.

—¿Podrás conseguirlo? —a mí me parecía imposible.

—Pues claro, en las tiendas venden de todo —dijo Alicia con mucho sentido común.

Le conté mi plan y lo que teníamos que hacer esa misma noche por si aparecían. El gordo y su matón iban a venir en un futuro próximo, sin duda. En el panteón azul estaban aún escondidas las bolsas de cocaína, y no iban a dejarlas abandonadas. Valían demasiado dinero como para que Meléndez se las regalase a los antepasados de la familia Carvajal. Vendrían esa misma noche, o al día siguiente, o al

2 *estar* **en guardia** alerta – 4 **calculado** organizado, pensado – 7 **un azote** *aquí:* castigo – 7 **un bandolero** bandido, ladrón de caminos – 10 **una pisada** paso – 12 **un moro** *despect* árabe – 14 **hacer caso a up** *loc* prestar atención, tener en cuenta – 19 **una cuerda** Seil – 20 **una canica** bolita de cristal – 25 **un matón** guardaespaldas – 28 **valer** costar mucho (→ valor)

otro… De hecho, era raro que no hubiesen llegado todavía, y en eso sí que había tenido suerte, porque antes no tenía ningún plan.

A las doce y media regresaron mis amigos con todo el material que les había encargado: la cuerda y lo demás. Venciendo sus miedos, Alicia y Miguel decidieron ayudarme a tender la trampa dentro del cementerio. Los ayude a saltar la tapia y, una vez dentro, comenzamos a poner en marcha el plan previsto.

Lo primero fue romper el cerrojo del panteón azul para sacar la droga de allí. No fue demasiado difícil, gracias a la palanca de hierro que habían traído, pero tuvimos que hacer fuerza entre los tres. Escondí casi toda la cocaína en el interior de otro mausoleo, para hacerles perder tiempo a los traficantes.

—Esta bolsita me la guardo para utilizarla como cebo. Quiero que los perros la huelan desde lejos —expliqué a Alicia y Miguel.

Luego nos dedicamos a tender la cuerda a ras de suelo, de ciprés a ciprés, cruzando el camino por donde obligatoriamente tendrían que pasar el narizotas y su jefe. Los nudos eran corredizos, y desde detrás de una tumba podría tirar y hacer que la cuerda se tensara para hacerles tropezar. Miguel resultó ser un buen escalador de árboles y fabricante de nudos. Se lo dije, y me contestó muy orgulloso:

—Es que yo quiero ser espeleólogo.

—¿Qué es eso de espegele…golo, o como se diga? —le pregunté.

Es-pe-le-ó-lo-go —dijo hinchando el pecho y vocalizando exageradamente— es el que se dedica a investigar y descubrir cuevas subterráneas.

10 **un cerrojo** parte por donde se abre una puerta (→ cerrar) – 11 **una palanca** barra – 15 **un cebo** uc que se usa para atraer (Köder) – 18 **a ras de** *loc* casi tocando – 21 **un nudo corredizo** zuziehbare Schlinge – 22 **tensar** spannen – 23 **un escalador** up que trepa (→ escalar) – 28 **hinchar** llenar uc *p ej* de aire – 28 **un pecho** Brust – 28 **vocalizar** hablar claramente – 30 **una cueva** agujero en la roca (Höhle)

Su hermana le miraba con cara de desaprobación, como si quisiera fulminarlo con los ojos, al tiempo que movía la cabeza de un lado para otro. Yo no entendía bien lo que pasaba.

—Miguel, a veces pareces un repollo hablando —dijo muy seria, como si lo hubiese pensado mucho.

—Mira tú quién pía, la rubia de peluquería esta, más cursi que un zapato rosa —se revolvió Miguel muy ofendido.

Era la primera vez que veía una pelea así, entre dos hermanos, y la verdad es que me hizo mucha gracia. Tanta que no podía contener la risa, a pesar de que intentaba taparme la boca para que no me oyeran y no interrumpir. Aún así se dieron cuenta. Se volvieron hacia mí, los dos con cara de enfado. Yo intentaba ponerme serio, pero no podía, y se me escapaban pequeñas risitas nerviosas e incontroladas. Ellos tampoco aguantaron mucho, y se echaron a reír conmigo. Yo creo que faltó muy poco para que despertáramos a Ciriaco, el guardián borracho.

—Venga, chicos. Un poco de seriedad. A terminar el trabajo —dijo Alicia.

La trampa estaba preparada. Sólo quedaba esperar. Alicia y Miguel aguardaban a las afueras del cementerio, doscientos metros más allá, junto a una cabina de teléfonos. A una señal convenida, ellos pondrían en marcha la parte que les correspondía dentro de nuestro plan. Y así nos quedamos durante horas, con un aburrimiento total, pero no pasó nada. No sé cómo Alicia y Miguel pudieron aguantar tantas horas sin protestar. Al filo de la madrugada, nos despedimos con cierta sensación de derrota.

1 **la desaprobación** desacuerdo – 4 *ser* **un repollo** *al hablar coloq* up que quiere mostrar que sabe mucho – 6 **piar** *un pájaro* producir sonidos *aquí:* hablar – 6 **una rubia de peluquería** *despect* tonta – 6 **cursi** kitschig – 7 **revolverse** *aquí:* defenderse – 7 **ofendido** insultado (beleidigt) – 8 **una pelea** discusión – 9 **hacer gracia** *loc* parecer simpático, divertido – 10 **contener** controlar – 10 **la risa** sonido que se hace al reir – 10 **a pesar de** aunque – 17 **borracho** que ha bebido demasiado alcohol – 18 **la seriedad** formalidad (→ serio) – 21 **aguardar** esperar – 23 **convenido** uc anteriormente decidido, pactado – 28 **una derrota** vencimiento, fracaso

—No te preocupes, Abdel, que mañana seguro que vienen y caen en la trampa —decía Miguel mientras se iba.

Estábamos agotados, después de dos noches de insomnio y aventuras.

Los padres de mis amigos tenían que estar asombrados por las grandes siestas que se echaban después de comer y lo tarde que se levantaban por las mañanas. Lo malo era que, si la situación se alargaba varios días, en algún momento podrían despertarse en mitad de la noche y descubrir que sus hijos habían desaparecido. Entonces sí que íbamos a tener problemas, porque... ¿cómo iban a explicarlo sin delatarme? ¿Y cómo me iban a ayudar a partir de entonces?

A pesar del cansancio acumulado, antes de regresar con la familia Ponce, tuve la precaución de retirar la cuerda para que nadie sospechara nada al día siguiente.

Ciriaco nunca se dio cuenta de que el cementerio cambiaba por las noches, mientras él dormía, y sin embargo todo nuestro trabajo no nos había servido de nada hasta el momento.

—¿Nunca salen las cosas como uno las planea? —me preguntaba con desánimo.

3 **agotado** muy cansado agotador – 3 **el insomnio** falta de sueño – 6 **echarse** acostarse – 8 **alargar** hacer que uc dure más tiempo (→ largo) – 11 **delatar** descubrir uc oculta (verraten) – 20 **el desánimo** falta de ilusión o motivación

Doce

A los pocos días, y por una vez, las cosas salieron como estaban planeadas. Volvimos a situarnos en nuestros escondites a la espera de que aparecieran los traficantes, y cuando ya estaba yo con los músculos entumecidos, vi aparecer el Mercedes amarillo por lo alto de la cuesta. Serían las dos, noche cerrada. Esperaba que Alicia y Miguel no se hubiesen dormido, porque la parte que les tocaba hacer, aunque fuera más sencilla, era fundamental.

El gordo apagó las luces y enfiló hacia el cementerio, como la otra vez en que los seguí con la bicicleta. Una única farola junto al camino de entrada, casi en la carretera, iluminaba la escena. Aparcaron junto a la tapia y se dirigieron a la casa del guarda. A pesar de que debía estar esperándolos, costó sacar a Ciriaco del sueño profundo en el que se encontraba. Asomado brevemente a la ventana vi que, al igual que la otra vez, se hacía el intercambio de llaves por botellas de ron. En cuanto Ciriaco tuvo una botella en la mano, la abrió nerviosamente para empezar a beber en ese mismo instante.

—Quieto ahí. No empieces hasta que nos vayamos —ordenó el narizotas sujetándole el brazo.

—Necesito un trago ahora —dijo Ciriaco con ojos suplicantes.

—Te digo que luego, imbécil. No me hagas repetir las cosas —el matón mostraba con insolencia una pistola en la mano derecha.

Ciriaco se sentó vencido en una silla sin oponer ninguna resistencia y sin comprender nada. En cuanto salieron de la casa, cogió la botella y le dio un trago interminable, casi de medio litro. Después dejó caer la cabeza sobre los antebrazos, dispuesto a dormir la mona.

5 **entumecido** duro por falta de moviento – 8 **tocar** *aquí:* corresponder, tener que – 10 **enfilarse hacia** dirigirse ir a – 11 **una farola** lámpara de calle – 20 **quieto ahí** *interj* alto, para, detente – 23 **suplicante** que pide uc intensamente (bittend) – 24 **imbécil** insulto: idiota – 25 **la insolencia** arrogancia, falta de respeto – 27 **oponer** *aquí:* ofrecer

Me situé cerca de la verja de entrada, con la farola que iluminaba la carretera a la vista. La misma farola que Alicia y Miguel, a doscientos metros, junto a la cabina de teléfonos, estarían vigilando. La farola encargada de transmitir el mensaje.

Mientras Meléndez y su matón se dirigían al panteón azul para recuperar la droga, cargué la honda con un guijarro redondo y contundente, hice girar la cinta de cuero sobre mi cabeza y disparé la piedra contra la luz de la farola. El cristal y la bombilla saltaron en mil pedazos, llenando toda la zona de oscuridad y ruido de vidrios rotos. Ésa era la señal. Si estaban atentos al mensaje que acababa de enviarles, tal y como habíamos convenido anteriormente, Alicia y Miguel pondrían en marcha su parte del plan. A mí aún me quedaba trabajo.

El gordo y el narizotas dieron un brinco al escuchar el ruido. La oscuridad se hizo más densa en el interior del cementerio. Meléndez hizo una pausa dirigiendo el haz de luz de su linterna a uno y otro lado, buscando algún fantasma; luego continuaron andando hacia el panteón azul en busca de la cocaína. Ellos no sabían que la droga había cambiado de escondite, pero faltaban breves segundos para que lo descubrieran.

—¡Esto es cosa de Ciriaco! ¡Ese borracho me las va a pagar! —oí decir a Planas.

Emprendieron el camino de regreso entre las tumbas. Yo ya estaba apostado en una encrucijada, esperando a que se acercaran. Cuando llegaron al punto exacto, cargué mi honda con una canica y silbé para atraer su atención. Sólo tenía una oportunidad. Si fallaba, lo más seguro era que el narizotas descargara su pistola contra mí. La linterna me buscó entre las cruces, pero antes de encontrarme la canica salió disparada de mi honda contra el haz de luz, anulándolo en una décima de

7 **recuperar** volver a tener uc perdido – 7 **un guijarro** piedra pequeña y redonda – 8 **contundente** que produce herida (Verletzung) – 10 **una bombilla** Glühbirne – 11 **un vidrio** cristal – 15 **un brinco** salto – 18 **un fantasma** espectro de un muerto – 22 **me las va a pagar** das werde ich ihm heimzahlen – 25 **apostado** situado en un lugar – 25 **una encrucijada** cruce de caminos – 30 **disparado** *aquí:* volando

segundo. El golpe hizo que el gordo, soltando una maldición, dejara caer la linterna. La oscuridad ahora sí que era absoluta.

Antes de que pudieran reaccionar, tiré de la cuerda que tenía preparada. Lo único que quería era hacerles perder tiempo. Echaron a correr hacia donde yo estaba, tropezaron con la cuerda tensa y empezaron a maldecir y a pedir ayuda. Juraban que me harían picadillo, fuera yo quien fuera. Yo ni siquiera les contesté. No había tiempo. Tenía que acabar pronto y ocultarme de Ciriaco antes de que los gritos le despertaran.

Cogí el saquito de cocaína que había conservado al esconder el resto y le hice un pequeño desgarrón con los dientes. Rocié con droga los alrededores, como si fuera una lluvia de harina, y fui dejando un rastro de polvo blanco a lo largo del camino mientras buscaba un lugar donde esconderme. Decidí ocultarme en el panteón de los Ponce Santamaría, mi segunda casa a esas alturas.

Nunca llegué. Ni siquiera estuve cerca. Antes de alcanzar mi refugio, un golpe en la nuca me derribó al suelo. Ciriaco había sido alertado por los gritos y me había sorprendido por la espalda con un objeto durísimo. Probablemente una botella. Creo que debido al golpe perdí el conocimiento al menos durante unos segundos. No sé cuántos, pero cuando abrí los ojos estaba en el suelo con el guarda sujetándome con fuerza, mientras los otros dos hombres se acercaban con cara de pocos amigos. En un momento los vi de pie ante mí. El gordo me dio tal patada en el estómago que me cortó la respiración.

Tuve que decirles dónde había guardado la droga. Ya no tenía sentido seguir jugando al héroe. Ellos, a cambio, prometieron dejarme en libertad. Ciriaco fue a buscar la cocaína al nuevo escondite en el que yo la había depositado. En menos de cinco minutos estuvo de vuelta.

1 **soltar una maldición** maldecir (verfluchen) – 7 **hacer picadillo a up** *loc coloq* matar o hacer mucho daño – 11 **un desgarrón** roto, abertura (Riss) – 12 **rociar** repartir, extender uc en pequeñas cantidades – 18 **una nuca** parte de atrás del cuello – 18 **derribar** tirar – 19 **alertado** avisado, poner en alerta – 26 **una patada** golpe con el pie

—¡Despídete de tu papi y de todos tus muertos, moro de mierda! —dijo el narizotas metiéndome el cañón de la pistola por la boca.

La esperanza es lo último que se pierde, había leído tiempo atrás en algún libro de Ben. ¿Cómo pude creer que me iban a dejar libre? Da igual. Tampoco tenía otra opción.

—No te lo cargues aquí, que haremos mucho ruido y dejaremos huellas por todas partes. Nos lo llevamos, le damos el pasaporte en un descampado y listo —dijo Meléndez sujetando al narizotas.

Me ataron y me amordazaron con las mismas cuerdas que yo había utilizado para intentar atraparlos. Me arrastraron hasta el coche y me metieron a golpes en el maletero, junto con toda la droga. No sólo mi plan había fracasado, sino que yo tenía muy pocas posibilidades de llegar con vida al amanecer.

El coche arrancó y empecé a encomendarme a Alá y a Mahoma, su profeta, para que cuidaran de mi padre durante el resto de su vida, ya que no podría hacerlo yo, su único hijo, a partir de ese día. Hasta el último momento esperé que sucediera el milagro: que apareciera la policía avisada por Miguel y Alicia. Cuando noté que el Mercedes dejaba el camino de tierra y tomaba velocidad por la carretera, perdí toda esperanza.

Sé que es absurdo; puede que fuera por la tensión acumulada o por los deseos de salir de allí, pero el caso es que cuando ya llevábamos un buen rato rodando por el asfalto de la carretera, tal vez media hora, rumbo a lo desconocido, me quedé profundamente dormido dentro del maletero.

2 **el cañón** parte larga de la pistola – 7 **cargarse a up** *Esp coloq* matar – 9 **dar el pasaporte a up** *coloq* matar – 9 **un descampado** terreno llano sin habitar – 11 **amordazar** tapar la boca – 16 **encomendarse a** dejar su vida en manos de up – 26 **rodar** circular

Trece

Me desperté al detenerse el coche. Me costó recordar dónde me encontraba: atado y amordazado en el interior de un maletero y a punto de ser asesinado. No era fácil hacerse a la idea. Deseé seguir dormido eternamente, como si el sueño me pusiera a salvo de peligros en un universo diferente. Escuché algunas voces, pero apenas pude oír la conversación que mantenían. Poco después percibí unos ladridos cerca del maletero, en donde estaba encerrado. Aún con los pies atados, comencé a dar patadas con todas mis fuerzas contra el techo. Tal vez no todo estaba perdido.

Tal y como había imaginado, los ladridos eran de perros de la Brigada Antinarcóticos que habían olido la cocaína. Tiraban de los agentes, y no pararon hasta que alguien abrió el maletero y descubrió un gran cargamento de cocaína y a un adolescente atado y amordazado. Ése era yo. Así que, después de todo, Alicia y Miguel habían cumplido su parte. Ése era el pacto: en cuanto la luz de la farola que iluminaba la entrada del cementerio se rompiera de una pedrada, tenían que llamar a la comisaría.

—Oiga, ¿es la policía? Mire, si quieren cazar a dos traficantes con un buen cargamento de cocaína, vayan a la entrada del cementerio de Marbella ahora mismo. Con llevar un perro entrenado para oler droga, se convencerán de que lo que digo es cierto.

Acto seguido no tenían más que colgar el teléfono. El resto dependía de la policía.

No todo salió a la perfección, hay que reconocerlo, pero sí lo bastante bien como para que detuvieran al gordo y a su matón antes de que acabaran conmigo. Los policías no llegaron a tiempo de impedir que Meléndez y Planas cogieran la carretera

4 **asesinado** matado – 8 **percibir** notar, escuchar, oír – 19 **una pedrada** golpe por una piedra

rumbo a lo desconocido, pero cuando al fin aparecieron, Alicia y Miguel los pusieron sobre la pista del Mercedes amarillo. Mis amigos lo habían visto entrar y salir del cementerio y se imaginaron el resto. Además, una de las bolsas de cocaína, la que yo había rasgado con los dientes, había dejado un rastro blanco desde el interior del cementerio hasta el coche, y los perros habían seguido la pista sin demasiados problemas.

Ahora estoy en una residencia del Centro Tutelar de Menores. Los chicos que viven aquí conmigo protestan mucho por todo y les gusta pelear. Es curioso: ninguno echa de menos a sus padres. También es cierto que, por lo que cuentan, no se lo pasaban demasiado bien en sus casas: palizas, borracheras, abandonos… Hay de todo. Las madres no son mejores. En eso yo he tenido suerte, porque mi padre ha sido siempre mi mejor compañero. Sólo he podido verle una vez desde hace dos meses. Dice que está bien, y que me echa de menos. Yo también a él, desde luego.

Alicia y Miguel vienen a verme con mucha frecuencia. Son lo mejor que me ha pasado. A sus padres no les gusta, porque dicen que no soy una compañía recomendable. Ellos, de todos modos, no se han dejado convencer, y se acercan a escondidas. Dentro de dos semanas empezarán las clases y se irán a estudiar a Madrid, como todos los inviernos. Es probable que no los vuelva a ver nunca más. ¿Quién sabe dónde estaré yo dentro de un año, cuando ellos regresen otra vez de vacaciones?

La comida que nos dan es muy buena, aunque yo soy el único que repite. Los demás opinan que es un asco. A mí me cae muy bien una de las chicas que están a cargo de la casa; se llama Charo, y habla mucho conmigo. Dice que quiere ayudarme, pero que para eso tengo que confiar en ella. Creo

2 **poner sobre la pista** *loc* avisar, informar – 8 **Centro Tutelar de Menores** *centro de acogida de menores* (Jugendheim) del Estado – 10 **pelear** luchar (→ pelea) – 10 *ser* **curioso uc** interesante, raro – 12 **una paliza** serie de golpes dados a up – 12 **una borrachera** efecto por exceso de alcohol (→ borracho) – 28 *ser* **un asco** *coloq* muy malo – 29 **estar a cargo de uc** tener la responsabilidad

que un día de éstos le voy a dejar leer mi cuaderno con esta historia, y así incluso me podrá decir si cometo muchas faltas de ortografía. Tienen bastantes libros aquí, y me lo paso bien leyendo. No son tantos como los de la antigua biblioteca de Ben, pero son más divertidos. Dentro de poco me los habré leído todos. No importa, porque a mí me gusta leerlos varias veces, como en el Sáhara. También tienen una televisión en color con mando a distancia, que es como magia.

La semana pasada, cuando fui a ver a mi padre, me puse muy triste. No lo pude remediar. Está a la espera de juicio, y me dijo que iba a confesarse culpable. Quería que yo también declarase contra él cuando me llamaran ante el juez. Yo al principio no lo entendí.

—¿Que te declare culpable? ¿Que le diga al juez que la cocaína que llevabas encima cuando te cogió la policía era tuya? —yo no salía de mi asombro.

—Sí, Abdel. Es lo mejor. Necesito que me condenen y me metan en la cárcel. Es necesario.

—Pero ¿por qué? ¿Por qué no quieres decir la verdad y salir libre? No vamos a poder estar juntos si tú vas a la cárcel.

Notaba que a mi padre le estaba costando mucho decir lo que me estaba pidiendo. Yo no comprendía, o no quería comprender.

—Piensa un poco, Abdel. ¿Qué pasará si me declaran inocente? ¿Adonde iremos? —mi padre apoyaba sus grandes manos sobre mis hombros.

—No sé. Buscaremos trabajo —dije desviando la mirada.

—Sabes bien que no. Sabes que si el juez me declara inocente, el paso siguiente será la repatriación forzosa. Nos enviarán de vuelta a Marruecos. Somos inmigrantes ilegales. ¿No es así?

—Así es —reconocí a mi pesar.

8 **un mando a distancia** aparato para hacer uc de lejos *p ej* cambiar el programa de la televisión – 10 **remediar** evitar – 11 **confesar** hablar ante el *juez* (Richter) – 11 **culpable** ≠ inocente (schuldig) – 29 **forzosa** inevitable – 32 **a mi pesar** contra los deseos de up

—Y en Marruecos me espera la cárcel de por vida. Y no esta cárcel, sino una mucho peor. Mucho más severa. Esto es un hotel de lujo comparado con aquellas prisiones. Yo no quiero abandonarte, Abdel, pero prefiero la muerte.

Yo sabía que tenía razón. Lo peor que le podía pasar era eso: volver al reino de Hassan II. Desandar el camino. Mi padre seguía hablando, y yo no quería escucharle ni mirarle a la cara. No quería que me viera llorar. Aquello era una despedida para siempre, y los dos lo sabíamos.

—Y además estás tú, querido Abdel. ¿Qué va a ser de ti en Marruecos? ¿Crees que el gobierno se ocupará de ti, de tu educación, de tu futuro? ¿Crees que les importa mucho lo que le suceda al hijo de un condenado a cadena perpetua? ¿Crees que podrás vivir tú solo allí, sin nadie que te proteja?

Como en tantas ocasiones, y aunque yo no quisiera, mi padre tenía razón. Era mil veces preferible quedarse en España. A cualquier precio. Aunque tuviera que sufrir años de cárcel por un delito que no había cometido. Tal vez toda su vida.

Y preferible también para mí. Me di cuenta en un segundo de que acababa de quedarme huérfano de nuevo. Huérfano de padre, aunque estuviera vivo y abrazándome. Y si iba a estar solo, totalmente sin familia, lo mejor que me podía pasar es que alguien me protegiera, me proporcionara comida, me permitiera estudiar… Y eso no era posible en Marruecos. Visto así, ser huérfano en España no era tan malo. Lo malo de verdad era ser huérfano en un país pobre, donde el único futuro eran el hambre y la miseria.

—Declararé contra ti en el juicio para que te condenen —le dije a mi padre.

—Es lo mejor, Abdel. Ahora empieza una nueva vida para ti, y tendrás que portarte bien. Éste sigue siendo un país maravilloso —mi padre estaba llorando, y con cada lágrima yo notaba un afilado cuchillo hundiéndose en mi pecho.

2 **severo** duro, estricto – 6 **desandar** volver atrás, regresar – 13 **la cadena perpetua** condena para toda la vida en la cárcel – 20 **un huérfano** up que no tiene padre y/o madre – 31 **portarse bien** tener buena conducta, ser bueno – 33 **afilado** scharf

Epílogo: Nota de la editora

Esta es la historia de Abdel y Yasir Muhbahar, tal y como llegó a nuestras manos. La editorial ha hecho investigaciones para corroborar la veracidad del testimonio que presentamos, y hasta donde hemos podido averiguar, lo que aquí se narra puede ser totalmente cierto. Sabemos que Abdel, el autor de este texto, ha cambiado conscientemente tanto su nombre como el de su padre con el fin de no interferir en el proceso judicial que tienen pendiente. Además, hemos encontrado no menos de diez chicos inmigrantes acogidos en casas de protección de menores con historias parecidas a la de Abdel; el caso de Yasir, que permanece a la espera de juicio mientras se practican las diligencias previas, es francamente numeroso.

En cualquier caso, según esas mismas investigaciones que hemos realizado en distintas cárceles y centros de acogida, la conclusión a la que nos atrevemos a llegar es que la historia de Yasir y Abdel es muy corriente, repetida con ligeras variantes, y por tanto no debe ser considerada en modo alguno como una fantasía del autor.

4 **corroborar** comprobar – 4 **la veracidad** autenticidad de uc (→ verdad) – 4 **un testimonio** *aquí:* historia que se ha contado – 5 **averiguar** buscar la verdad hasta encontarla – 5 **narrar** contar – 7 **conscientemente** que lo quiere así – 8 **interferir** stören – 8 **judicial** gerichtlich (→ juicio) – 12 **una diligencia** gestiones, formalidades – 13 **previo** anterior – 13 **francamente** realmente, verdaderamente – 17 **corriente** normal

Mapa de Marruecos/ Sahara Occidental

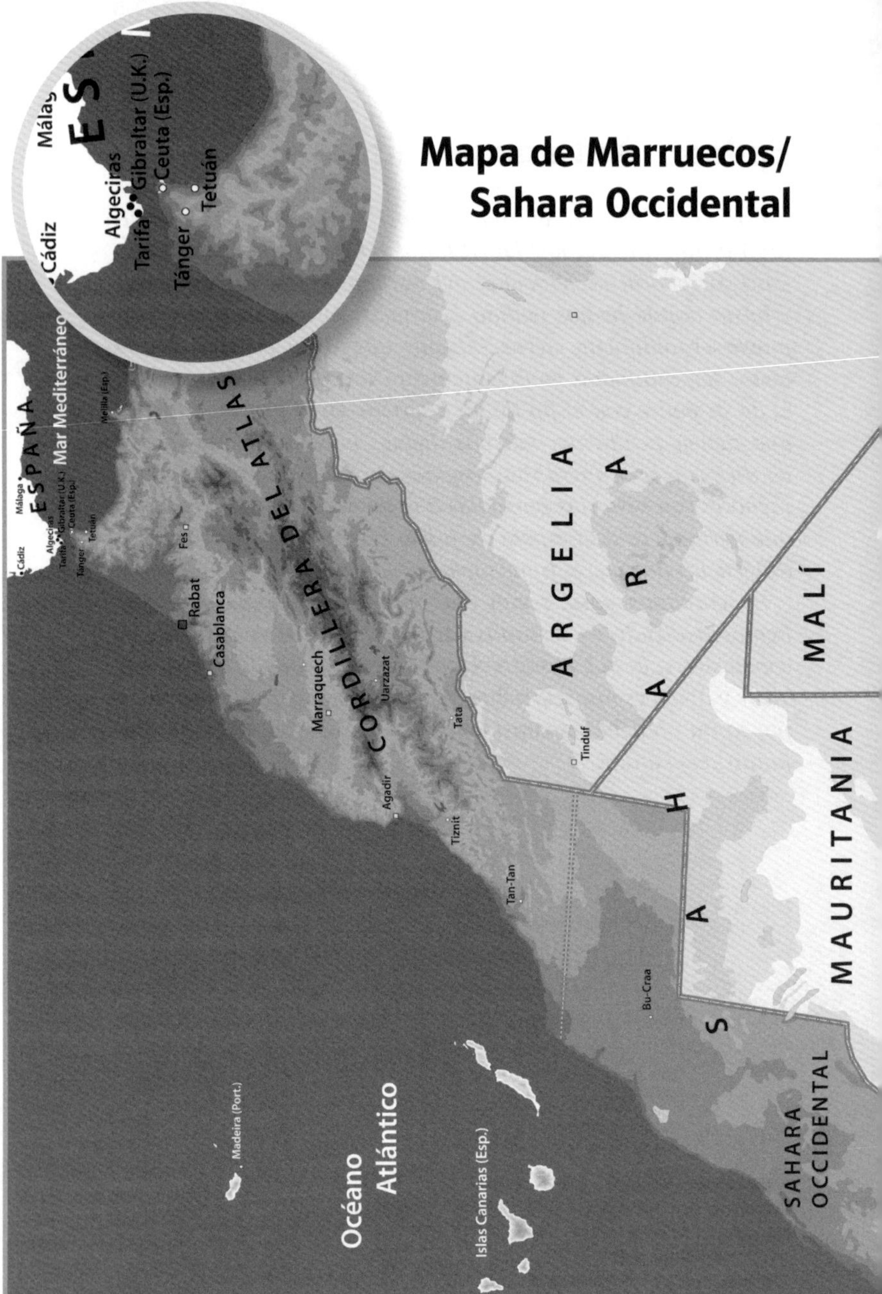

El autor y su obra

Enrique Páez (Madrid, 1955) es licenciado en Filología Española por la Universidad Complutense. Ha sido profesor de lengua y literatura en enseñanza primaria, secundaria y universitaria en diversos centros públicos y privados de Madrid y Nueva York. Con su primera obra infantil, *Devuélveme el anillo, pelo cepillo,* recibió el Premio Lazarillo a la creación literaria en 1991. Desde 1993 dirige un Taller de Escritura, en el que enseña técnicas narrativas aplicadas al relato breve y a la novela.

Después de la publicación de *Abdel* (1994), aparecieron *El club del camaleón, Un secuestro de película, Renata y el mago Pintón,* y *La olimpiada de los animales,* todas ellas obras de literatura infantil y juvenil. Sus obras han sido traducidas a nueve lenguas y se han vendido ya más de medio millón de ejemplares. Su libro teórico *Escribir. Manual de técnicas narrativas,* (Ediciones SM y Círculo de Lectores, 2003–2010), es un referente en los estudios de creación literaria.

Abreviaturas y símbolos

adj	Adjektiv, adjetivo
adv	adverbio
aquí:	señala un significado específico de la palabra en el contexto
aum	aumentativo
coloq	coloquial
cul	cultismo (bildungssprachlich)
despect	despectivo
dim	diminutivo
Esp	peninsularismo, término o expresión del español de la Península Ibérica
etc	etcétera
etw	etwas
f	femenino
fam	lenguaje familiar
fig	lenguaje figurativo
fr	galicismo, palabra de origen francés
INF	infinitivo
interj	interjección
irón	irónico
jmd	jemand
juv	lenguaje juvenil
lit	literario
loc	locución, giro idiomático
m	masculino
mil	militar
p ej	por ejemplo
pl	plural
s	singular
SUST	sustantivo
sup	superlativo
uc	una cosa, algo
up	una persona, alguien
vulg	expresión vulgar
≠	contrario de
→	remite a una palabra ya conocida